rowohlt

IRIS RADISCH

DIE LETZTEN DINGE

Lebensend-
gespräche

Rowohlt ■

1. Auflage Oktober 2015
Copyright © 2015 by Rowohlt Verlag GmbH,
Reinbek bei Hamburg
Copyright ZEIT-Artikel © 2015 by
Zeitverlag Gerd Bucerius GmbH & Co. KG
Satz Stempel Garamond PostScript, InDesign, bei
Pinkuin Satz und Datentechnik, Berlin
Druck und Bindung CPI books GmbH,
Leck, Germany
ISBN 978 3 498 05803 6

INHALT

Behind the glass, under the cellophane,
Remains your final summer sweet
And meaningless, and not to come again.

Philip Larkin

DIE LETZTEN DINGE

Als der Gerichtsangestellte Iwan Iljitsch im Sterben liegt, fällt es ihm wie Schuppen von den Augen: Er hat falsch gelebt. Seine Arbeit, sein Leben, seine Familie, «das war vielleicht nichts, nichts». Jedenfalls nichts, das jetzt, als er sterben muss, noch Bestand hätte. Iwan Iljitsch hatte sich in einem Dasein eingerichtet, von dem er glaubte, dass «man» es so führen müsse. Jetzt sitzt er in seinem schönen Haus, für das er sich abgearbeitet hat, und versteht nicht mehr, wozu das alles nötig war.

Das drohende Lebensende ist in Tolstois Erzählung *Der Tod des Iwan Iljitsch* eine Tür, durch die Lebenslügen nicht hindurchpassen. Alle haben dem fleißigen Gerichtsangestellten stets versichert, es gehe Schritt für Schritt bergauf: Ausbildung, Heirat, Kinder, Beförderung. Jetzt erkennt er, dass es in Wahrheit immer nur bergab gegangen ist. Die Freuden des Lebens wurden kleiner. Die Sorgen um das Geld, die Enttäuschungen in der Liebe, die Langeweile im Alltag wurden größer. Alles Wichtige hatte er auf später verschoben. Und jetzt gibt es kein Später mehr. In den letzten drei Tagen seines Lebens schreit er vor Verzweiflung.

Die Falle, in die Iwan Iljitsch getappt ist, heißt: Aufschub. Wenn endlich Sonntag ist, wenn man endlich dies und das erreicht hat, wird sich alles, alles auszahlen. Irgendwann wird man mit dem eigentlichen Leben anfangen, für das man ständig vorsorgt. Und sei es in der Rente. Und wenn auch das nicht klappt, muss man auf das Paradies hoffen. Das Prinzip Aufschub hält alle auf dem Laufband.

Das Lebensende erzwingt einen Wechsel der Blickrichtung. Während man sich bislang im Fortschrittsmodus bewegt und nur nach vorne gestarrt hat, sieht man jetzt zurück. Das Vorsorgeprinzip hat seinen Sinn verloren. Man kann nicht mehr darauf bauen, demnächst mit dem Leben anzufangen, wenn man gerade damit aufhören muss. Der Horizont, in dem sich taktisches und angepasstes Verhalten auszahlen könnte, verkürzt sich. Wozu die kostbare Lebensendzeit an Überflüssiges verschwenden? Wozu Kompromisse machen? Daraus entsteht die Altersradikalität. Ältere Menschen sind dann manchmal zynisch oder verzweifelt, weil sie sich mit keinen neuen Versprechen mehr trösten können. Aber sie haben auch eine neue Freiheit gewonnen, weil sie sich von falschen Vorspiegelungen nicht mehr betrügen lassen. Martin Heidegger, dessen Philosophie ihre existenzielle Kompromisslosigkeit aus dem Nachdenken über das Lebensende bezieht, nennt diese letzte Klarsicht eine «von den Illusionen des Man gelöste, ihrer selbst gewisse Freiheit zum Tode». Daraus folgt: Verzettele dich nicht in den zahllosen Nebenumständen deines Daseins, sondern kümmere dich um den «Grund», um die «Eigentlichkeit» deiner Existenz.

Niemand weiß, auch Heidegger wusste es nicht, ob auf diesem letzten Grund der Existenz wirklich das echte und unverdorbene Leben geduldig auf seinen Besitzer wartet.

Oder ob nicht hinter allen Verpackungen und Ablenkungen – *Behind the glass, under the cellophane*, wie es im Gedicht von Philip Larkin heißt – einfach nichts mehr kommt. Kein letzter Sommer, keine letzten Dinge, kein «eigentliches Ganzsein des Daseins», um ein letztes Mal Martin Heidegger dazwischenreden zu lassen. In diesem Fall ist die Verpackung schon alles gewesen: ein Leben unter Zellophanpapier, das unausgepackt zu Ende geht.

Ich habe mich immer gerne mit Menschen über die letzten und vorletzten Dinge unterhalten, die davon keine gefestigten religiösen oder philosophischen Vorstellungen haben. Schriftsteller, vor allem ältere, die viel erlebt und viele Illusionen verloren haben, sind in der Regel solche sympathisch ungefestigten Gesprächspartner. Sie sind häufig bereit, auch auf Fragen zu antworten, die in die weniger gut erschlossenen Gebiete der Existenz führen. Mich interessiert, wie der nahe Tod ihren Blick auf die Welt verändert. Ist, was einmal wichtig war, unwichtig geworden? Welche Fragen werden unter dem Eindruck des Lebensendes radikaler und vielleicht ehrlicher beantwortet als zuvor? Und woher weiß man am Ende, ob ein Leben gelungen ist?

Die achtzehn Lebensendgespräche in diesem Buch sind Abschiedsgespräche. Die Interviews mit Marcel Reich-Ranicki, George Tabori und Antonio Tabucchi waren tatsächlich die jeweils letzten ihres Lebens. Fast alle der hochbetagten Gesprächspartner müssen sich und der Welt nichts mehr beweisen, sich nicht mehr anpreisen und niemanden mehr schonen. Die Masken dürfen fallen.

Was darunter zum Vorschein kommt, ist nicht selten eine heitere Gelassenheit. Es gibt aber auch, und zwar besonders unter den befragten jüdischen Autoren, eine erschütternd schonungslose Bilanz. Manche Gesprächspartner sind von so ungebrochener Schaffensfreude, dass der Gedanke an das möglicherweise nahe Lebensende blanke Empörung hervorruft. Andere haben zu einem Gleichmut gefunden, in dem der Tod seinen natürlichen Platz hat. Wieder andere sehnen sich nach dem Tod und betrachten ihr Leben als etwas, das sie schon hinter sich gelassen haben.

Meistens fanden die Gespräche in den Wohn- und Arbeitszimmern der Autoren statt. In Paris, in Moskau, in Lissabon, in Tel Aviv, in Budapest, in Hamburg, in Cambridge, in Göttingen, in Lucinges, in Berlin, in Wien, in München, in Tielenhemme und in Behlendorf. Das erste Gespräch im Herbst 1990, das letzte im Frühling 2015. In allen Gesprächen wird nebenbei ein Zeitalter besichtigt, werden Themen und Etappen der europäischen Kulturgeschichte des 20. Jahrhunderts durch ihre Protagonisten noch einmal lebendig: das Kriegs- und Nachkriegsfrankreich durch die Literaturnobelpreisträger Claude Simon und Patrick Modiano, der Nouveau Roman durch Michel Butor, die Gruppe 47 durch Ilse Aichinger, das katholische Europa durch Julien Green, die jüdisch-europäische Geistesgeschichte durch George Tabori, George Steiner und Amos Oz, Auschwitz und die Judenverfolgung durch Imre Kertész und Ruth Klüger, die russische Seele durch Andrej Bitow, die DDR-Dissidentengeschichte durch Sarah Kirsch, der Geist der alten Bundesrepublik durch Peter Rühmkorf, Günter Grass und Martin Walser, die Wiener Schule durch Friederike Mayröcker, das Drama des italienischen Niedergangs in der Berlusconi-Ära durch Antonio Tabucchi.

In vielen Gesprächen wird der Tod direkt thematisiert – etwa in dem Gespräch mit Péter Nádas, der schon einmal für einige Minuten gestorben zu sein schien und von seinem Besuch im Vorraum des Todes erzählt. Aber immer geht es um die Kunst zu leben und darum, was Bestand hat, wenn die Sanduhr ausläuft und die Selbsttäuschungen sich verflüchtigen.

Wer war ich? Und wer bin ich jetzt, da ich gerade dabei bin zu verschwinden? Die Anwort ist ein Chor sich kreuzender, sich widersprechender Stimmen von Toten und Lebenden, der nicht aufhört zu reden, solange noch jemand zuhört.

JULIEN GREEN

«Altern ist Sünde.»

Herbst 1990. Ich bin auf dem Weg zu einer Legende:
Julien Green, 90 Jahre alt, Freund von André Gide und
François Mauriac, Autor grandioser Romane wie *Moira*,
Leviathan oder *Adrienne Mesurat*, über den Walter Ben-
jamin in den zwanziger Jahren eine enthusiastische Kritik
geschrieben hat. Ich habe Lampenfieber. Ein Besuch bei
der 90-jährigen Nathalie Sarraute, der nicht minder legendären Erfinderin des Nouveau Roman, war kurz zuvor
ziemlich unrühmlich verlaufen. Ich hatte die Schriftstellerin in ihrem weitläufigen Appartement im 16. Pariser
Arrondissement mit den kompliziertesten Fragen zu ihrem Werk überschüttet. Irgendwann sah die strenge alte
Dame mich mitleidig an und sagte: «Sie sind wohl noch
eine Anfängerin.»
   Beklommen sitze ich im Flugzeug nach München, wo
der Schauspieler Thomas Holtzmann in den Kammerspielen in Gegenwart des französischen Autors aus dessen
Werk lesen soll.
   Nach der Lesung lerne ich Julien Green und einen
deutlich jüngeren Herrn kennen, der den greisen Star
begleitet. Es ist der französische Autor Jean-Éric Jour-
dan-Green, den Julien Green «meinen Sohn» nennt und
der ihm in der Doppelrolle als Adoptivsohn und hin-

gebungsvoll sorgender Lebensgefährte zur Seite steht. Beim Abendessen in einem noblen Münchner Restaurant schneidet er «seinem Vater» das Fleisch in mundgerechte Stücke. Julien Green kaut und schweigt.

Das Interview findet am nächsten Morgen in einer Suite des Hotels Vierjahreszeiten statt. Der muntere Éric platziert mich in einem Sessel neben Green, dem er eine Wolldecke über die Knie gelegt hat, und macht sich auf die Suche nach einem silbernen Gehstock – Jahrgang 1870, wie Julien Green mir zuflüstert –, der in den Weiten des Hotels verloren gegangen ist.

Dann sind wir allein: nur einen knappen Meter im Raum und sechzig Jahre in der Zeit voneinander getrennt. Ich habe es damals nicht gleich gemerkt, aber der berühmte Funke zwischen uns muss in diesem Augenblick übergesprungen sein. Julien Green spricht sehr leise, fast so, als käme es auf Worte in seinem hohen Alter nicht mehr genau an. Dennoch ist es nicht einfach, ihn zu unterbrechen. Ohne eine neue Frage abzuwarten, redet er einfach weiter und weiter und erzählt, was er erzählen will.

So ist er es, der das Gespräch auf seine Homosexualität lenkt und sagt, dass er nie ein Homosexueller gewesen sei, obwohl er das Leben eines Homosexuellen geführt habe. Obwohl er mehrfach einstreut, dass derartige Geständnisse nicht seine Art seien und mich vielleicht auch gar nicht interessierten, fährt er mit einem, wie es mir im Nachhinein vorkommt, gewissen Bekenntniseifer fort, weitere sehr persönliche Eröffnungen zu machen. Wir sprechen über die Fragen, die den gläubigen Katholiken in seinen letzten Lebensjahren umtreiben, über die Sünde, die erotische Lust, die Überwindung der Sexualität, über seinen Glauben und den Tod. Ich antworte ihm, dass das Wort

Sünde mir und den meisten Leuten meiner Generation nicht viel bedeute und dass ich nicht verstünde, warum er seine Sehnsucht nach Männern bekämpfe.

Meine Offenheit scheint ihn nicht zu stören. Im Gegenteil. Am Schluss des Gesprächs sieht er mir ganz unvermittelt in die Augen und fragt: «Sind Sie glücklich?» Es folgt eine angenehme Stille, in der ich nach einer wahren Antwort suche. Bis heute weiß ich nicht, warum er mich das gefragt hat. Einige Jahre später habe ich ein paar Zeilen von ihm gefunden, in denen ich seine Stimmung in diesen Momenten wiederzuerkennen glaubte: «Offenherzig reden, ohne Rücksicht auf das Alter oder was auch immer, über die persönlichsten Dinge, wissen, dass man verstanden wird, und wissen, dass die wirklich wichtigen Fragen ganz nahe sind.»

Dann kommt Éric zurückgewirbelt, das silberne Stöckchen vor sich herschwingend, und das Leben setzt wieder ein. Ein paar Minuten später stehe ich auf der Maximilianstraße im Nachmittagsverkehr. Für anderthalb Stunden bin ich in einer anderen Welt, in einem anderen Zeitalter gewesen.

Julien Green ist acht Jahre nach dem Gespräch, am 13. August 1998, im Beisein von Éric in seinem Pariser Appartement in der Rue de Vanneau gestorben. Sein Tagebuch aus den Jahren 1990 bis 1996 enthält noch einen letzten Gruß. Am 16. Oktober 1990 steht da: «Langes Gespräch mit einer Journalistin für *Die Zeit*. Wie immer habe ich viel gesprochen oder vielmehr auf ihre *Antworten* geantwortet, die immer persönlicher wurden, was sie selbst betraf. Sie ist gläubig und kann nicht begreifen, was eigentlich Sünde unter dem Namen des Bösen ist. Böses tun ... Ich glaube, würde man diesen unverständlichen

Begriff fallen lassen und ihn durch die Vorstellung eines Hindernisses zwischen der Liebe zu Gott und der Seele ersetzen, dann würde man klarer sehen. Ein Mensch, der dem Geschlechtstrieb nachgibt, hat überhaupt nicht den Wunsch, sich an Gott zu versündigen, doch in vielen Fällen verhindert dieser Mensch die Vertrautheit zwischen Gott und dem, was in uns ist, das auf Ihn zugehen möchte. Die Kirche hat daraus jahrhundertelang ein Schreckgespenst gemacht. Meine Gesprächspartnerin scheint für diese Art, das Problem zu sehen, empfänglich zu sein, sie sagt mir, dass die Jugend sich vor der Zukunft fürchtet, weil man nicht weiß, wohin dieses Jahrhundert geht. Sie ist Pazifistin wie ich. Sie ist einfach und besorgt, und ich fühle mich ihr nah.»

Sie haben über dreißig Bücher geschrieben und hatten schon vor fünfzig Jahren mit Ihren Romanen *Leviathan* oder *Der andere Schlaf* große literarische Erfolge. Sie sind so alt wie dieses Jahrhundert. Ist die Welt von heute noch Ihre Welt?
Es gibt gewaltige Veränderungen. Früher sah man die Geschichte hinter allen Dingen. München zum Beispiel war außergewöhnlich, es hatte etwas Überaltertes, wenn Sie das verstehen, etwas Poetisches, es war voller Geschichte. Nach dem Krieg war nichts mehr davon übrig.

Gab es eine Epoche in Ihrem Leben, von der Sie im Rückblick sagen könnten: Das war wirklich meine Zeit, hier war ich zu Hause?
Die Zeit meiner Kindheit und meiner Jugend kann man nur wunderbar nennen. Es war die Zeit der Pferdebusse

und so weiter. Es war noch vor der Benzin-Welt. Diese Epoche endete 1914.

Es würde einen heute erstaunen, wie wenig damals auf der Straße los war. Es gab nur ein paar Kutschen, nicht dieses Gedränge von Leuten aus allen möglichen Ländern wie heutzutage in Paris. Und dann gab es die Zeit von 1920 bis 1933. Es war eine sorglose Zeit, jedenfalls in Paris, deren literarische Produktion außerordentlich war, es war eine ziemlich glückliche Zeit.

Als Hitler an die Macht kam, schlug die Stimmung um. Paris ist immer ausdrucksloser, immer neutraler geworden. Man spürte, dass etwas passieren wird. In meinem amerikanischen Roman *Die Sterne des Südens* gibt es eine ähnliche Unsicherheit und Unruhe, die bald zur Gewissheit eines Krieges wird. Der Krieg hing wie eine dunkle Wolke über diesen Jahren. Trotzdem war das meine Zeit. Wenn ich mir eine Zeit aussuchen könnte, würde ich die Jahre zwischen 1920 und 1933 in Paris wählen.

Und die Gegenwart?
Sie ist wunderbar und beängstigend, weil man nicht weiß, wohin es geht. Ein alter Landpfarrer hat mir einmal gesagt: «Ich weiß nicht, wohin wir gehen, aber wir gehen geradeaus.» So ist das heute. Sogar noch schlimmer. Nehmen Sie nur Rumänien, den Golfkrieg ...

Was hat sich für Sie damit verändert?
Ich habe mich nie aktiv für die Politik interessiert. Es gibt in der Politik ein zerstörerisches Element, sie zerstört sich selbst. Sie erreicht nie etwas. Vor ein paar Jahren traf ich in Berlin einen alten Juden, Leo Löwenthal, der ist einen Tag älter als ich. Er fragte mich, wozu haben

diese Kriege genutzt, die wir erlebt haben. Zu überhaupt nichts, habe ich geantwortet. Immer fängt man wieder von vorne an. Es gibt keinen Krieg, der zu einem ein für alle Male endgültigen und international anerkannten Ergebnis geführt hat. Kein Ergebnis ist endgültig. Also geht das Gemetzel immer weiter. Und die Jugend muss es bezahlen. Man opfert die Jugend in den Kriegen, das ist unerträglich, man zerstört so viel Zukunft. Wir wissen nicht, wie viele große Männer von morgen in den Schlachten gefallen sind. Ich bin Pazifist. Und ich erzähle Ihnen noch etwas:

Als ich 1917 siebzehn Jahre alt war, kam mein Vater, der selbst noch Soldat im Sezessionskrieg war, zu mir und sagte, du musst etwas für die Alliierten tun. Also ging ich zur Ambulanz von Verdun, und die ganze Nacht hörte ich den Kanonendonner, ein grauenvoller Krach. Dann brachten sie einen Toten, dessen Gesicht man mit einer Jacke zugedeckt hatte. Ich sah nur seine Hände. Das waren die Hände eines ganz jungen Mannes. Das hat mich erschüttert. Ich habe nie jemanden getötet. Ich habe mir selbst versprochen, nie jemanden zu töten. Allerdings habe ich auch viel Tolstoi gelesen, und das ist für immer in mir geblieben.

Obwohl Sie behaupten, sich nicht für Politik zu interessieren, kommentieren Sie in Ihren Tagebüchern die Weltereignisse.
Nein. Ich schreibe sie nur auf. Ich sage nie meine Meinung. Außer im Fall Rumäniens. Da war ich menschlich angerührt. Und dann über Hiroshima. Japan war doch damals schon bereit, Frieden zu schließen, und Roosevelt behauptete, man müsse diesen Schlag führen, um unsere

Macht zu demonstrieren. Das ist doch widerlich! Das
geht doch nicht.

**Sie schreiben seit Jahrzehnten beinahe täglich an Ihrem
Tagebuch, wohl wissend, dass diese Tagebücher eines Tages alle veröffentlicht werden. Fühlen Sie sich dabei als
eine öffentliche Person?**
Ich bin Romancier. In meinen Tagebüchern gibt es nichts
Persönliches. Sie sind wie Kilometersteine an einer Straße
auf einer langen Reise. Mit ihnen weiß man immer ungefähr, wo man ist. Ich schreibe über das, was ich lese.
Und über den Glauben, der eine große Rolle in meinem
Leben spielt. Die größte Rolle in meinem Leben. Und
ich schreibe über Menschen. Ich mache Porträts von Besuchern, von Schriftstellern, von Leuten, die ich treffe. Ich
beschreibe meinen Alltag. Ich erzähle Ihnen aber ziemlich
viel. Sind Sie zufrieden?

**Sehr. Aber darf ich Sie fragen, warum der Glaube in
Ihrem Leben eine so große Rolle gespielt hat? Warum
haben Sie sich dafür entschieden, katholisch zu werden?**
Meine Mutter war Protestantin. Sie war sehr englisch
und erzog mich streng anglikanisch, mit einem absoluten Verbot der Lüge. Das Evangelium wurde wörtlich
genommen. Das war sehr streng und nachlässig zugleich.
Als meine Mutter 1914 starb, hat sie die Religion mit sich
fortgenommen. Aber das Bedürfnis nach der Religion
war für mich von frühester Kindheit an natürlich. Ohne
die Verbindung der Seele mit Gott kann man die Dinge
nicht beurteilen.
    Als meine Mutter ein Jahr tot war, entdeckte ich ein
Buch über den katholischen Glauben, aus dem meine

Mutter für mich sprach. Also verliebte ich mich in den Katholizismus. Mein Vater vertraute mich einem Jesuiten an, der mich für einen Engel hielt. Aber ich bin kein Engel. Er wollte mich unbedingt in ein Kloster stecken. Aber ich wollte die Natur nicht verlassen. Die Bäume, den Wald und all das. Ich war noch sehr kindlich. Ich gehorchte meinem Vater und meiner Mutter immer. Ich war nie ungehorsam.

Dann habe ich begonnen zu schreiben. Ich hatte Glück, weil meine ersten Bücher, *Mont-Cinère* zum Beispiel oder *Adrienne Mesurat*, ganz anders waren als die Bücher, die zu dieser Zeit geschrieben wurden. So haben sie schnell ein großes Publikum gefunden.

Diese Bücher sind über sechzig Jahre alt. Sind sie Ihnen fremd geworden?
Nein. Es gibt Bücher, die sich nicht verändern, *Moira* zum Beispiel hat mich sehr bewegt, als Thomas Holtzmann den Text in den Münchner Kammerspielen gelesen hat. Vielleicht ist das nichts für die Öffentlichkeit, weil es zu persönlich ist. Aber es gab in meinem Leben immer einen Kampf zwischen dem Körper und der Seele. Das habe ich von meiner Mutter. Es ist ein Kampf gegen die sexuelle Begierde in allen ihren Formen. Das war schon immer meine Idee. Und als ich plötzlich *Moira* wieder hörte, sagte ich mir, das ist doch alles genau so wie in meinem letzten Theaterstück *Süden*. Man muss etwas töten, ein Hindernis töten. Das ist die Sünde. Man muss sie in jeder Nacht und überall töten. Darüber habe ich heute die ganze Nacht lang nachgedacht.

Es ist doch eigenartig. Es gibt das Leben, das viele junge Leute führen und das auch mein Leben war. Und doch habe ich eines Tages begriffen, dass man unbedingt damit aufhören muss.

Aber ich sollte Ihnen das nicht sagen. Interessiert Sie das?

Ja, das interessiert mich sehr.
Vor einigen Jahren hatte ich das Gefühl, jetzt sollte ich vollkommen Schluss machen. Mit allem. Mit dem religiösen Leben, mit dem intellektuellen Leben, mit den Romanen. Und dann habe ich die beiden amerikanischen Romane geschrieben, in denen es diesen Kampf nicht gibt. Da geht es um etwas anderes. Um die Erinnerung an meine Mutter. Meine Mutter konnte die Niederlage des Südens einfach nicht anerkennen. So war sie. Sie hat mir ihr Leben lang vom Süden erzählt. Als ich während des Schreibens an den *Sternen des Südens Vom Winde verweht* entdeckte, habe ich zunächst aufgehört. Dann sagte ich mir aber, dass dieses Buch am Anfang des Krieges beginnt. Mein Buch beginnt früher, um 1850. Also haben wir nicht dasselbe Thema.

Ist der amerikanische Süden um 1850 Ihr verlorenes Paradies?
Nicht ganz. Das hat nichts mit dem Glauben zu tun. Es gibt zwar im zweiten Band eine Frau, die katholisch wird, aber den alten Konflikt zwischen Körper und Seele gibt es in diesen Romanen nicht. Das war überwunden. Es gab nur noch den Sezessionskrieg. Und es gibt die Widmung. Der erste Band ist meiner Mutter gewidmet, der zweite Band ist allen Soldaten der Nord- und Südstaaten gewidmet, die in diesem Krieg gefallen sind. Darin steckt Pazifismus. Denn die Soldaten haben sich nur einspannen

lassen. Hass gibt es nur zwischen Regierenden. Die Jugend hasst sich nicht. Ich liebe die Jugend.

Wenn Sie der Jugend von heute einen Rat geben sollten, was würden Sie sagen?
Es ist schwer. Es gibt so viele Bedrohungen. Ich denke an eine bestimmte Krankheit, die man gar nicht nennen darf, das ist der Albtraum der neuen Epoche. Aber die Jugend ist zu allem fähig, sie ist die Zukunft.

Betrübt es Sie nicht, dass die jungen Leute nicht mehr so im Glauben leben, wie Sie sich das wünschten?
Stimmt das denn? Manchmal verschwindet der Glaube unter der Erde. Er versteckt sich und kommt in Zeiten großer Verzweiflung wieder hervor. Man kann eine Religion nicht töten. Unmöglich.

Und die Ungläubigen?
Ach, die Ungläubigen! Sind sie denn ungläubig? Es gibt keinen vollkommenen Atheismus. Das ist gegen die Natur. Vielleicht ist der Atheismus nur ein Mangel an Vorstellungskraft. Trotz allem haben alle Menschen ein Gewissen. Dafür gibt es keine Erklärung. Man muss der Jugend vertrauen.

Der Kampf des Körpers mit der Seele, wie Sie sagen, ist das wichtigste Thema in Ihren Büchern. Warum vertragen sich Körper und Seele so schlecht?
Man muss viel erlebt haben, um zu begreifen, dass die sexuellen Freuden nicht alles sind. Es gibt noch etwas anderes. Die sexuelle Freude kann kein Leben ausfüllen. Oder nur ein sehr miserables, ein mitleiderregendes Leben. Das

andere ist mindestens genauso stark. Man kann die Existenz der Seele nicht leugnen. Es gibt sie.

Aber junge Menschen versuchen, beides zu leben: Seele und Körper.
Darin sehe ich keinen Widerspruch. In allen meinen Büchern wollte ich das ausdrücken.

Warum gibt es dann in Ihren Romanen so viele unmögliche Liebesgeschichten?
Am Ende schließt das eine das andere aus. Körper und Seele sind zwei Kämpfer, die ihr Leben damit verbringen, gegeneinander anzutreten. Sie treten immer zusammen auf.

Das macht die Liebe unmöglich?
Ja, ja. Die unmögliche Liebe. Ich weiß. Das ist so. Ich stelle das nur fest. Die unmögliche Liebe, das bin ich selbst.

Gibt es keinen Ausweg?
Nein, denn man kann die Seele nicht verneinen. Die Seele ist das Wichtigste. Es ist den Menschen als Menschen unmöglich, sexuelle Freude zu empfinden. Nicht aus eigener Kraft. Man muss Gott um die Kraft bitten. Gott ist da, um zu handeln. Er verlässt niemanden. Wenn man ihn um etwas bittet, gibt er es immer. Immer.

Sie haben heute Nacht über die Sünde nachgedacht. Was ist das?
Das scheint mir völlig klar zu sein. Man geht auf die Straße und sieht sie. Die Sünde ist überall. Die Leute sind durch Lebensmüdigkeit gebrochen, durch Traurigkeit und Unglück. So geht es den Menschen.

Es gab irgendwann einmal ein großes Unglück. Und die Seele ist dazu da, um damit fertig zu werden. Die Seele …, aber ich kann Ihnen keine Predigt halten. Ich kann das nicht. Das ist der Glaube.

Für mich hat das Wort Sünde keine Bedeutung. Aber Sie glauben an die Sünde.
Ja, für mich hat das Wort eine furchtbare Bedeutung. Das Altwerden ist zum Beispiel eine Sünde. Verstehen Sie? Es muss irgendwann am Anfang einen Fehler gegeben haben, einen geheimnisvollen Fehler, einen Kampf gegen Gott. Nun muss die Seele die Folgen auf sich nehmen, obwohl uns die Erbsünde vergeben wurde. Sie ist ausgelöscht, aber die Wunde ist noch da. Sie ist sichtbar. Deshalb gibt es die Vergebung. Christus vergibt alles.

Ich glaube das nicht. Ist das eine Frage der Generation?
Ja. Man spricht mit den jungen Leuten nicht so, wie man es tun sollte. Die Antworten des Katechismus sind zwar vollkommen richtig, aber man muss sie den Menschen auch präsentieren können. Ich sage Ihnen noch etwas, wenn Sie es für sich behalten. Nehmen Sie zum Beispiel die Bischöfe. Das sind Leute, die – wie es den Anschein hat – keine Lust haben, die kein Sexualleben haben. Denen fehlt die Erfahrung des Fleisches. Trotzdem bestimmen sie so – wöh, wöh, wöh, wöh –, und so muss das sein. Wovon reden die? Was soll das heißen? Eines Tages fragte ich einmal einen Missionar, denn das sind Menschen, die sich im Leben auskennen: «Vater, was ist Homosexualität?» Und er antwortete: «Das ist ein Mysterium. Man kann es nicht erklären.»

Das ist doch keine Antwort.
Das ist intelligent. Es ist ein Mysterium. Es gibt keine Antwort.

Was ist Homosexualität für Sie?
Das ist eine menschliche Erfahrung. Und Gott ist dazwischengetreten, um mich davon abzubringen. Sehr viel später habe ich freiwillig verzichtet. Ich habe auf die Homosexualität verzichtet. Das hat er von mir erwartet. Für Gott gibt es keine Zeit. Dreißig Jahre, vierzig Jahre, fünfzig Jahre, das besagt nichts für ihn. Es gab einen Augenblick, da hat er gesagt, jetzt musst du wählen. Was willst du: Das Leben mit mir oder die sexuelle Lust? Das ist die Frage, und man kann sie nicht mehr zum Schweigen bringen. Auch der, der nicht glaubt, muss sie hören.

Im Grunde bin ich nie homosexuell gewesen. Ich hatte nicht diesen Instinkt. Aber ich habe das Leben eines Homosexuellen gelebt. Doch ich sage Ihnen da Dinge, die ich normalerweise nicht sage. Es ist schon immer ein Geheimnis gewesen. Goethe hat gesagt, es ist gegen die Natur, aber in der Natur. Er hat recht. Es ist eine Umleitung des sexuellen Instinkts von der Frau auf den Mann. Warum? Wie? Es gibt Leute, die so geboren werden. Wo ist die Verantwortung?

Ich weiß es nicht.
Ich auch nicht. Niemand weiß das. Früher sprach man von einer unverzeihlichen Sünde. Von einer Sünde, die nach Rache zum Himmel schreit. Das stand früher in den Messbüchern. Heute wagt man nicht mehr, so was zu sagen. Aber es bleibt ein Geheimnis.

Warum haben Sie auf Ihren Körper verzichtet? Wozu dieser Kampf gegen den Körper und gegen die Homosexualität?
Es ist kein Kampf gegen den Körper. Es ist der Kampf der Seele, die zu Gott will. Die Leidenschaften widersetzen sich der Seele. Also kämpft die Seele gegen die Leidenschaften. Das ist alles. Es geht immer nur um den Aufstieg der Seele zu Gott. Das ist etwas, das in uns ist. Aber ich sage Ihnen Dinge, die ich normalerweise nicht sage.

Wir jungen Leute sind heute oft sehr pessimistisch, wir glauben nicht an einen Aufstieg der Seele, wir zweifeln schon daran, dass die Zukunft viel Gutes bringt.
Sind Sie glücklich?

Ich weiß es nicht. Und Sie? Sind Sie glücklich?
Ich bin glücklich, dass ich noch am Leben bin. Ich bin glücklich, dass ich noch nicht sterbe.

Haben Sie Angst davor, zu sterben?
Nein. Aber ich will noch so lange wie möglich leben. Ich bin Gott für jeden weiteren Tag dankbar. Wenn ich morgens aufwache, bin ich glücklich, am Leben zu sein. Wenn die Nacht kommt, kommt die Nacht. Was weiß man davon? Es ist wie der Schlaf. Eine geheimnisvolle Welt. Wo ist man da? Wo ist die Seele? Was passiert? Ich werde bald sterben.

ILSE AICHINGER

«Erfüllte Wünsche sind ein Unglück.»

Wer in den neunziger Jahren mit Ilse Aichinger sprechen will, muss sich an einen jungen Mann wenden, der ihre Nabelschnur zur Welt ist: Richard Reichensperger. Ein junger, bei unserem Interview gerade 35 Jahre alter Literaturwissenschaftler, der ihre Werke herausgegeben hat und darüber seit vielen Jahren zum wichtigsten Mann in ihrem Leben geworden ist. Er ist ein leidenschaftlicher Leser, liebt Joseph Brodsky, John Donne, Pascal und – Julien Green. Einmal ist Richard Reichensperger Julien Green nachgefahren, ohne es zu wagen, ihn anzusprechen.

Ilse Aichinger lebt in Wien zu dieser Zeit wie ein Tramp. Sie trägt meist eine unförmige schwarze Jacke und transportiert ihre Habseligkeiten in einer Plastiktüte mit sich herum. Täglich sieht sie sich in den Wiener Kinos mehrere Filme an. Gute Filme wie *Auf Wiedersehen, Kinder* von Louis Malle oder *Der dritte Mann* von Carol Reed kann sie sich bis zu acht Mal ansehen. Die Dunkelheit und Abgeschiedenheit der Kinosäle tun ihr gut. Sie schreibt nicht mehr viel, am liebsten kurze Feuilletons und Beobachtungen, die Richard Reichensperger abtippt und den Zeitungsredaktionen anbietet. Das ausführliche Nicht-Schreiben und Über-das-Schreiben-Nachdenken nimmt den weit größeren Teil ihrer Zeit in Anspruch. Ihre

Erzählungen und der Roman *Die größere Hoffnung* haben sie in der Nachkriegszeit neben Ingeborg Bachmann zum Star der Gruppe 47 gemacht. 1953 heiratete sie den Dichter Günter Eich. Das Paar hat zwei Kinder, Clemens und Mirjam.

Als wir uns am 24. Oktober 1996 treffen, ist Ilse Aichinger fast 75 Jahre alt und seit einem Vierteljahrhundert Witwe. Richard Reichensperger hat als Treffpunkt ihr Lieblingscafé, das Café Imperial am Kärntner Ring, vorgeschlagen. Als ich dorthin komme, sitzt sie schon da, umspült vom Klaviergeklimper des Wiener Kaffeehausnachmittags, und strahlt eine ungeheuere Präsenz aus. Sie spricht sehr sanft, ein wenig österreichisch eingefärbt und eher langsam, hier und da plötzlich einen Nebensatz wild beschleunigend, dann wieder tastend fortfahrend. Und obwohl eine große Freundlichkeit von ihr ausgeht, ist das meiste von dem, was sie mir in den folgenden zwei Stunden sagen wird, von äußerstem Pessimismus. Auf die Frage, was das Schönste in ihrem Leben gewesen sei, sagt sie, ohne zu zögern: der Krieg. Denn im Krieg habe es noch Hoffnung gegeben.

Wir trinken Kaffee und Cognac. Gerne hätte sie geraucht, aber das hat sie sich abgewöhnt. Auf manche, allzu direkte Fragen bleibt sie die Antwort schuldig und sagt: «Ich würde Ihnen gerne antworten, aber nicht dem Interview.» Dennoch spricht sie über ihre Fremdheit in der Gegenwart; sie scheint ihr eine Art Übergangszeit zu sein, die man mit Haltung ertragen muss. Die «größere Hoffnung», von der ihr berühmter Nachkriegsroman erzählt, ist für sie im Alter vollständig aufgebraucht. Im gepflegten, posthabsburgerischen Café Imperial wirkt sie wie von einem anderen Stern.

Nach dem Gespräch gesellt sich Richard Reichensperger zu uns. Zu dritt machen wir einen ausgedehnten Spaziergang durch das nächtliche Wien. Ilse Aichinger erzählt von ihren Kindern und davon, wie sie und Günter Eich die Kinder in dem Landhaus in Großgmain im Salzburger Land gemeinsam erzogen haben. Sie erzählt von ihrer Mutter, die sie bis zu deren Tod gemeinsam mit Richard Reichensperger gepflegt hat. Wir sprechen davon, ob es einen richtigen Zeitpunkt zum Sterben gebe. Und sie sagt, dass sie die jung Gestorbenen beneide. Gefragt, warum, antwortet sie: «Wenn man schon lebt, würde man sich wünschen, so jung zu sterben wie der Georg Büchner oder wie der Hans Scholl, es ist besser, das ist meine Ansicht.»

Ich habe diesen Satz damals nicht in das Interview aufgenommen. Im Nachhinein wirkt er gespenstisch: Zwei Jahre nach unserem nächtlichen Spaziergang stürzt Ilse Aichingers Sohn Clemens Eich in Wien und stirbt wenig später an den Folgen des Sturzes im Wiener Allgemeinen Krankenhaus im Alter von 43 Jahren. Sechs Jahre nach dem Tod von Clemens Eich stürzt auch Richard Reichensperger in Wien und stirbt ebenfalls wenig später an den Folgen des Sturzes im Wiener Allgemeinen Krankenhaus im Alter von 43 Jahren. Dieselbe Todesart, derselbe Ort, dasselbe Krankenhaus, dasselbe Alter. Elfriede Jelinek schrieb in ihrem Nachruf auf Richard Reichensperger: «Und Ilse Aichinger hat viele viele Gründe gehabt, dass immer und immer wieder etwas Schreckliches zu ihr und aus ihr gekommen ist.»

Mit 27 Jahren haben Sie Ihren Roman *Die größere Hoffnung* veröffentlicht. Danach kurze Erzählungen, Hörspiele, Gedichte. Zuletzt nur noch Sätze. Der letzte veröffentlichte Satz ist: «Zum Kranklachen wäre alles, wenn es nicht zum Totlachen wäre.» Das war 1985, seitdem beinahe nichts mehr. Was ist geschehen?

Ich habe das seit jeher für einen sehr schwierigen Beruf gehalten. Und ich wollte nie Schriftstellerin werden. Ich wollte Ärztin werden, das ist gescheitert an meiner Ungeschicklichkeit. Ich wollte zunächst eigentlich nur einen Bericht über die Kriegszeit schreiben. An ein Buch habe ich gar nicht gedacht, ich wollte nur alles so genau wie möglich festhalten. Als das Buch dann bei Fischer erschienen ist, stand noch immer viel zu viel drin. Ich wollte am liebsten alles in einem Satz sagen, nicht in zwanzig.

Nur einen Satz über den Krieg?

Der Krieg war meine glücklichste Zeit. Der Krieg war hilfreich für mich. Was ich da mit angesehen habe, war für mich das Wichtigste im Leben. Die Kriegszeit war voller Hoffnung. Man wusste sehr genau, wo Freunde sind und wo nicht, was man in Wien heute nicht mehr weiß. Der Krieg hat die Dinge geklärt.

Liegt es also am Frieden, dass Sie kaum noch schreiben?

Ich kann mich nicht einfach hinsetzen um acht Uhr früh und denken, jetzt schreib ich. Ich muss nicht schreiben. Und gar nicht darüber nachdenken.

Langweilen Sie sich?

Natürlich. Das kann tödlich sein. Aber Schreiben hängt mit dem Tod zusammen. Ob es tödliche Langeweile ist oder eine andere Form des Sterbens ... Außerdem gehe ich gerne ins Kino.

Aus Langeweile?
Das Kino ist eine Form des Verschwindens. Man taucht ins Dunkel, man ist unsichtbar. Ich hatte schon als Kind den Wunsch zu verschwinden. Das war mein erster leidenschaftlicher Wunsch. Ich erinnere mich kaum an etwas anderes außer an diesen wahnsinnigen Wunsch. Der Wunsch ist noch immer da. Ich habe es immer als eine Zumutung empfunden, dass man nicht gefragt wird, ob man auf die Welt kommen will. Ich hätte es bestimmt abgelehnt.

Warum?
Was man an Leiden mit ansehen muss. Die Ungerechtigkeiten, die, abgesehen von aller Politik, allein in der Biologie sind. Ich bin ein identischer Zwilling, der ältere, der lebenskräftigere, wir hatten beide schwere Krankheiten, aber meine Schwester war dem Tod immer näher. Der Stauffenberg hatte auch einen identischen Zwilling, aber der ist bei der Geburt gestorben.

Das Leben als Zwilling ist noch ungerechter als das Leben ohnehin?
Man begreift dabei, dass die ganze Biologie eine terroristische Überlebensstrategie ist, der man eigentlich gar nicht gewachsen sein möchte. Man wird nicht gefragt. Man wird auch nicht gefragt, ob man sterben will. Ich will tot sein, aber sterben möchte ich auch nicht, weil ich einige Male mit angesehen habe, wie lange das dauern kann. Diese Zumutungen, nicht nur an mich, sondern an jeden, der lebt.

Aber zu meinem Erstaunen sind die meisten Menschen vollkommen einverstanden.

Mit dem Leben?
Jeder möchte genau der sein, der er ist. Keiner kommt auf die Idee, dass er jemand anderer sein möchte oder gar nicht sein möchte.

Den Frauen wird sonst immer nachgesagt, dass sie das Leben bewahren wollen.
Wenn die Mädchen damals auf dem Gymnasium sagten, ich studiere nicht, ich heirate sowieso, war ich empört, wie die sich definieren. Das ist doch furchtbar, dieses Die-Welt-in-Trab-Halten.

Sie haben die Welt mit zwei Kindern in Trab gehalten.
Ich hab immer eine große Beziehung zum Nordosten gehabt, den ich nie gesehen habe. Ich wollte nie nach Italien, nach Frankreich. Ostpreußen, das Baltikum, das hat mich wahnsinnig angezogen, die Schweigsamkeit des Nordostens. Wenn ich nicht durch Zufall jemand kennengelernt hätte, der aus dem Nordosten war und sehr schweigsam, jemand, der sich nicht wie alle anderen kritisch geäußert hat oder kaum … Der Nordosten ist mein Schicksal geworden.

Neugeborene Kinder strahlen vor Glück und Lebensfreude. Das Erste im Leben ist Glück.
Die müssen älter werden. Und es gibt zu viele. Was geschieht? Im Augenblick ist doch die Karriere das Wichtigste. Keine Karriere machen ist eine Art des Sterbens.

Sie haben im Krieg mit Ihrer jüdischen Mutter in einem kleinen Zimmer in Wien notdürftig überlebt. Ihre Groß-mutter wurde deportiert und kam um. Später schrieben Sie: «Man überlebt nicht alles, was man überlebt.» Was haben Sie nicht überlebt?

Den Anblick meiner Großmutter im Viehwagen auf der Schwedenbrücke in Wien. Und die Leute um mich herum, die mit einem gewissen Vergnügen zugesehen haben. Ich war sehr jung und hatte die Gewissheit, dass meine Groß-mutter, die mir der liebste Mensch auf der Welt war, zu-rückkommt. Dann war der Krieg zu Ende, der Wohlstand brach aus, und die Leute sind an einem vorbeigeschossen. Das war noch schlimmer als der Krieg.

Die Zeiten heute sind schrecklicher als damals?

Undeutlicher. Und das macht es schlimmer. Ich liebe Au-genblicke der Verdeutlichung. Die sind in Wien so selten, diese Freundlichkeit, dieses Küss-die-Hand, man weiß nie, was dahintersteht.

Unfreundlichkeit ist Ihnen lieber?

Ja. Man kennt sich aus.

In Ihrem Roman *Die größere Hoffnung* besteht die größere Hoffnung vor allem darin, dass die Leiden des Menschen nicht vergeblich sind, dass die Opfer belohnt werden.

Diese Hoffnung ist im Krieg immer stärker geworden. Es war wie ein Triumph. Inzwischen bin ich anarchisti-scher und nihilistischer geworden. Es gibt nur noch ei-nes, woran ich glaube. Das ist die Präsenz der Menschen, manchmal auch der Tiere.

Was ist das?
Ich habe einmal ein Gespräch mit einem fremden Menschen abgebrochen und bin weggegangen, weil ich zu müde war. Heinrich Böll war dabei, und ich sagte zu ihm: «Ich habe diesem Herrn nicht gute Nacht gesagt», und habe ihn gebeten, es für mich zu tun. Und Böll sagte: «Der ist nicht existent, dem muss niemand gute Nacht sagen.» Existent und nicht existent, das war ein genialer Ausdruck. Dieses Existentsein, ob man schon lebt oder tot ist, ob man schon da war oder nie da war, das ist für mich ein Begriff.

Es gibt lebende Menschen, die nicht existent sind?
Die meisten. Aber sie könnten es sein. Es ist natürlich komplizierter, schwieriger, es fordert eine gewisse Askese, existent zu sein. Vor allem eines ist nötig, es zu merken, dass man nicht existent ist. Denn jeder ist bis zu einem gewissen Grad nicht existent. Mit dieser Nichtexistenz zu leben, das ist die einzige Askese, die heute möglich ist.

Askese?
Verzicht. Ich habe gelernt, dass die Wünsche das Wichtigste sind. Und dass erfüllte Wünsche ein Unglück sind. Es ist extrem schwierig, ohne unerfüllte Wünsche zu leben.

Sehen Sie den Menschen ihre Existenz oder Nichtexistenz auf den ersten Blick an?
Oft.

Auch hier im Café Imperial?
Hier besonders. Selbst wenn ich nur den Rücken sehe, die Art zu sprechen oder zuzuhören. Das gibt es heute

nicht mehr, heute sprechen immer alle gleichzeitig. Es ist zu Ende.

Und die Toten, die Opfer? Die Hoffnung, dass ihre Leiden nicht sinnlos waren, ist verloren?
Sie werden präsent bleiben. Ich glaube an die Präsenz der Lebenden und der Toten. Ich weiß nicht, ob sie wirklich erreichbar sind. Aber ich spüre eine Präsenz. Sophie und Hans Scholl zum Beispiel, dass diese beiden präsent sind, das spüre ich immer. Das gehört zu den wenigen beruhigenden Dingen, die es gibt.

Mit der größeren Hoffnung ist etwas Entscheidendes aus der Welt verschwunden. Die jungen Autoren heute schreiben nicht mehr wie Ihre Generation nach der Katastrophe, sie schreiben ohne Katastrophe.
Heute muss man sich zunächst einmal klarmachen, was es für eine Katastrophe ist, ohne Katastrophe zu leben. Dass das Leben, das ich an sich für eine Katastrophe halte, nicht deutlich wird. Man hat das Gefühl, die Umwelt ist undeutlich und man selbst wird undeutlich. Man sieht seinen eigenen Umriss nicht mehr. Auch die Umrisse des Elends sieht man nicht mehr. Sich das klarzumachen ist sehr schwer. Man wird sofort ein Außenseiter. Den Jungen heute – aber man kennt sie ja nicht, es sind ja die Anonymen –, man müsste ihnen sagen, es ist dein Genie, zu bemerken, dass du nichts bist. Die Undeutlichkeit klarzumachen, dazu muss man sehr viel genialer sein, als Zustände eines Weltkrieges klar und deutlich zu machen. Aber die größte Begabung ist doch die, auf der Welt sein zu können. Es auszuhalten, mit einem gewissen Frohsinn.

Sie meinen, die größte Begabung ist die, sich nicht umzubringen?
Ja. Zum Sichumbringen gehört wiederum eine gewisse manuelle Begabung. Man denkt sich vor allem, ich habe ein Recht darauf. Es ist kein besonderes Recht, doch wenigstens dieses Recht möchte man haben.

Was sollen die jungen Autoren heute machen?
Sich klarmachen, worin die Notwendigkeit liegt. Vor allem, einen anderen Beruf haben. Schreiben ist kein Beruf. Heute nicht mehr. Die Sprache ist zersplittert, das müsste man doch wissen. Robert Musil hat das vollkommen durchschaut. Aber die meisten schreiben rasch chronologisch und unaufmerksam vor sich hin. Sich als Autor allein zu definieren ist heute nicht mehr möglich. Egal, ob man Installateur, Krankenpfleger oder im Büro ist. Das ist noch eine andere Welt, auch wenn sie einen anödet. Wenn mich jemand nach meinem Beruf fragt, sage ich «privat».

Was ist für Sie in der Gegenwart das größte Leid?
Die Verlassenheit der Kranken, der Krebskranken, der Schizophrenen, das Allgemeine Krankenhaus in Wien. Niemand hat Anteilnahme, denn Anteil nehmen heißt ja, sich vorzustellen, ich hab das auch. Die Menschen haben kein Bedürfnis mehr, Erfahrungen zu machen.

Was täten Sie, wären Sie heute 28 Jahre alt?
Philosophie studieren und daneben etwas tun, was helfen kann, sei es psychisch oder einfach jemandem zuhören.

Warum Philosophie?
Um die Begründung der Existenz zu erfahren.

Die Antwort auf die Frage, warum sind wir?
Ja.

Wissen Sie das nicht schon längst?
Ich möchte es nachlesen, schwarz auf weiß.

Sie haben immer wieder gesagt, dass das Schweigen das
ist, worauf alle Worte, die sie schreiben, zulaufen. Dass
man sich selber und der Welt am besten Schweigen auf-
erlegen sollte.
Auch wenn man spricht, die Währung müsste gedeckt sein
durch Stille. Früher hatte man dieses altmodische Wort
Betrachtung, das meint: genau hinschauen und lange hinschauen. Immer durch dieselben Straßen gehen und warten, bis man etwas entdeckt. Ich bin nicht für Abwechs-
lung. Ich reise nicht gerne. Betrachtung ist für mich ein
äußerst wichtiges Wort. Zu Beginn mag es langweilig sein,
weil man es nicht beherrscht. Später kann man erfahren,
dass Geist in der Welt ist. Immer die gleiche kleine Menge.

Das Schweigen war auch Teil eines literarischen Protes-
tes Ihrer Generation. Es sollte Misstrauen ausdrücken,
dem «bleichen Bürger» die Klischees aus dem Maul rei-
ßen, sollte aufklären, aufrütteln. Es war eine ästhetische
Revolte, die es nicht nur in Deutschland gab. Während
Sie an Ihrem Text *Aufruf zum Misstrauen* schrieben, veröffentlichte Nathalie Sarraute in Paris ihre Aufsatz-
sammlung *Zeitalter des Misstrauens*. Man war überfüttert
mit Worten und Zusammenhängen und reagierte darauf,
mit Schweigen, mit der Negation jedes Zusammenhangs.
Heute leidet der Autor eher an Unterernährung. Er sieht
nirgends Zusammenhänge.

Das Leiden dieser Zeit ist die Zusammenhanglosigkeit, auch der Familien. Man merkt es auch an den Bauten. Es ist eine schwache Zeit. Aber man kann nicht einfach drauflosschreiben und künstlich Zusammenhänge herstellen. Die Möglichkeit, im Zusammenhang zu schreiben, kommt sicher wieder. Im Augenblick kann man nur genau begreifen, dass keine Zusammenhänge da sind und dass alles von jedem Einzelnen abhängt, von der Zuwendung jedes Einzelnen zu fremden Schicksalen – das klingt jetzt etwas wie eine Heilsbotschaft.

Wenn Sie heute zu schreiben anfingen, wie würden Sie schreiben?
Berichte schreiben, nichts Erfundenes. Genau sein. Kleine Dinge beobachten, Details. Punkte. Das Schreiben müsste punktueller sein. Ich wäre froh, wenn ich etwas schreiben könnte, das deutlich macht, dass diese Welt hilfsbedürftig ist.

Keine Revolution der Sprache?
Das ist sehr schwer. Man ertappt sich oft selbst dabei, Banalitäten zu sagen. Es ist schon falsch, zu jemandem zu sagen: «Wie geht es Ihnen», wenn man es nicht wirklich wissen will. Und wer will wirklich wissen, wie es dem anderen genau geht? Und wer will wirklich sagen, wie es ihm genau geht, oder wer kann es? Da sind die Engländer exakter, indem sie auf «How do you do?» dasselbe antworten.

Kein Engagement der Dichtung?
Es gibt ganz dringende Dinge, die man tun muss. Und das ist nicht zuerst das Schreiben.

Das wäre doch die Hölle, ins Leben eingesperrt zu sein, ohne gute Bücher.

Ich brauche sie auch. Ich lese immer wieder Joseph Conrad. Obwohl mich weder die Gegenden noch die Handlungen seiner Romane im Geringsten interessieren. Aber es ist für mich eine solche Faszination, dass da kein einziger unnützer Satz steht. Bei den Neueren ist es Josef Winkler. Es ist eine unglaubliche, fast fanatische Genauigkeit in seinem Werk.

Die Nachkriegsbücher sind in gewisser Weise wirklich in literarischen Ruinen geschrieben worden. Was Sie, was Günter Eich, Ingeborg Bachmann oder Wolfgang Koeppen geschrieben haben, hatte es in deutscher Sprache noch nie gegeben. Nun sind beinahe alle Autoren dieser Generation gestorben. Sehen Sie irgendwo Enkel? Jemand, der diese Literatur weiterschreibt?

Vielleicht gibt es irgendwo im Verborgenen Existenzen, die es nicht wagen, die gar nicht bedenken, dass sie es eigentlich könnten.

Der literarische Raum, in dem Sie aufgewachsen sind, ist weg. Galizien als Schreibland, als Kulturland ist Geschichte.

Beim Überfall Hitlers hat mich eine wahnsinnige Traurigkeit ergriffen, weil ich das Gefühl hatte, es gibt Österreich nicht mehr. Da war ich ja doch zu Hause, nicht in dem Staat, in dem Land, sondern, beinahe hätte ich gesagt, in der Befindlichkeit, doch das ist ein schlechtes Wort. In dem geistigen Raum.

Und der ist nicht der alpenländische, katholische Darkroom von Elfriede Jelinek?
Sie will mehr verändern. Und glaubt daran. Sie ist auch jünger. Und sie hat recht. Ich glaube, dass Elfriede Jelinek bereit ist, für das einzustehen, was sie schreibt.

Elfriede Jelinek, aber auch Ingeborg Bachmann schreibt über das Frausein, über die Wunde Frau.
Ach, die Bachmann! Das ist so feminin, so ungeheuer ergeben. Sie kommt überhaupt nicht auf die Idee, dass es auch biologische Revolte, Anarchie gibt.

Sie haben nie über die Leiden des Frauenlebens geschrieben.
Aber ich habe immer empfunden, dass Frauen benachteiligt sind von der Natur.

Warum?
Weil sie Kinder bekommen zum Beispiel.

Das könnte man auch als Vorteil betrachten.
Ich finde, dass die Geburtswehen kein Vorteil sind. Das ist biologisch ganz ungerecht. Wieso haben die Männer keine Schmerzen? Selbst die Kühe werden ununterbrochen gequält mit diesen mechanischen Maschinen, die Ochsen nicht. Es könnte alles ganz anders sein. Und alle nehmen es hin, als wär es die einzige Möglichkeit. Ich hatte diese biologische Anarchie schon als Kind. Ich wollte nie ein Frauenleben führen, allerdings als die Kinder dann da waren, war ich glücklich mit ihnen.

Sie waren 19 Jahre mit Günter Eich verheiratet und sind jetzt 24 Jahre allein. Fühlen Sie sich unvollständig?
Nein. Mein Mann gehört zu diesen Präsenzen, die nicht weggehen.

Gibt es das: den einen Menschen, der der einzig richtige ist und kein anderer?
Ich hätte keinesfalls jemand anderen geheiratet, nur um zu heiraten. Es war eigentlich eine Gegenaktion gegen mich selbst. Und ich habe es mir auch immer eine Spur übel genommen. Aber ich habe es nicht bereut.

«Die äußerste Liebe ist die äußerste Einsamkeit», haben Sie geschrieben. War das so?
So fremd wie das, was man liebt, kann das Ungeliebte nie werden. Es muss extrem sein, sonst ist es banal.

Sie werden jetzt 75 Jahre alt. Was sind die wichtigsten Erinnerungen, die Ihnen aus diesem langen Leben geblieben sind?
Es gibt Punkte, die da sind, viel mehr als die Gegenwart. Der Geruch von Weihrauch, gemischt mit Seifenlauge, mit der man die Steinböden in meiner Klosterschule aufgewischt hat. Den rieche ich, obwohl er nirgends mehr ist. Dann dieser Rauchgeruch, dieser Slumgeruch in England. Oder der Geruch von Baldriantropfen in alten Wohnungen. Und gewisse Nebeltage, wenn der Nebel so dicht wird, dass man den Blinden nachgehen muss, denn die gehen richtig.

Was wünschen Sie sich für die Zukunft?
Dass meine Zukunft nicht mehr zu lange dauert.

CLAUDE SIMON

«Auch wenn man nichts erlebt,
erlebt man etwas.»

Die Pariser Schriftsteller teilen sich in zwei Typen. Der eine residiert hinter gigantischen Eingangstüren in geräumigen Wohnungen, in denen antikes Mobiliar, wohlsortierte Bibliotheken und kostbare Vorhänge vor den bodentiefen Fenstern eine Atmosphäre schaffen, die sich am klassischen Geschmack der alten Pariser Kulturelite orientiert. Julien Green und Patrick Modiano gehören zu diesem Typus einer großbürgerlichen Pariser Schriftstellerexistenz.

Der zweite Typ bleibt, selbst wenn er es im Lauf seines Schriftstellerlebens zum Nobelpreisträger gebracht haben sollte, ein Nachfahre der Dachstubenpoeten. Ihm ergeht es wie Albert Camus, der sein Leben am liebsten in einem schlichten Hotelzimmer verbracht hätte. Auch Jean-Paul Sartre und Simone de Beauvoir pflegten den Lebensstil der Unbehausten, die es vorziehen, karg und provisorisch zu leben, ganz so, als müssten sie jederzeit bereit sein, zu neuen Ufern aufzubrechen.

Zu diesem Typus des nomadischen Autors gehört der Nobelpreisträger Claude Simon. Wie Camus wird er 1913 in einer französischen Kolonie fern der Hauptstadt geboren, sein Vater fällt ähnlich wie Lucien Auguste Camus gleich zu Beginn des Ersten Weltkrieges, und der kleine

Claude wächst in Südfrankreich in der Obhut seiner Verwandten auf. Er ist kein Stadtmensch, liebt es, auf Reisen zu sein, und sobald er gezwungen ist, sich in Paris aufzuhalten, sehnt er sich genau wie Camus nach seinem Haus im Süden Frankreichs, in dem er den größten Teil des Jahres verbringt. 28 Jahre nach Camus erhält Simon 1985 den Literaturnobelpreis, und ähnlich wie bei seinem Altersgenossen aus Algerien ist die Innovationskraft seiner Romane eine literarische Spätfolge der Erschütterungen des Ersten Weltkrieges. Nach ersten Versuchen als Maler experimentiert Claude Simon mit einem explosiven und bildhaft ausufernden Erzählen, das ihn neben Nathalie Sarraute, Alain Robbe-Grillet und Michel Butor zu einem der Gründungsväter des Nouveau Roman werden lässt. Auch Simon glaubt an die Absurdität. «Wenn die Welt einen Sinn hat», sagt er, «dann den, dass sie keinen hat.»

In Paris lebt Claude Simon in einer kleinen Mansardenwohnung an der Place Monge in der Nähe des Jardin des Plantes; sie ist nur spärlich möbliert, aber mit zahlreichen exotischen Masken, Holzfiguren und Bildern angefüllt. Seine Frau Réa, die er 1962 bei einem Abendessen im Hause des Beckett-Verlegers Jérôme Lindon kennengelernt hat, lebt in einer identisch kleinen Wohnung auf der anderen Seite des Flurs. Das Ehe-Arrangement erinnert mich an das des 1990 verstorbenen Pariser Surrealisten Philippe Soupault und seiner deutschen Frau Ré Soupault, die ihre letzten Lebensjahrzehnte ebenfalls in zwei getrennten kleinen Wohnungen im selben Pariser Mietshaus verbracht haben.

Réa Simon, eine resolute Dame im Wollpullover und mit einer großen schwarzen Brille auf der Nase, öffnet mir im Dezember 1998 die Tür zur Wohnung ihres 85-jäh-rigen Mannes. Zu dritt kauern wir uns auf arabischen Sitzkissen auf dem Boden des Arbeitszimmers des Nobel-preisträgers. Madame und Monsieur Simon bevorzugen ein legeres Ambiente auch im hohen Alter. Das Interview verläuft nicht ganz so leger. Madame Simon wird in den nächsten Stunden keine Minute von der Seite ihres Man-nes weichen und sich derartig lebhaft in den Gesprächs-verlauf einmischen, dass ich schließlich nicht umhinkom-men werde, auch ihre Stimme zu dokumentieren.

Darin sehe ich im Nachhinein einen Vor- und einen Nachteil. Einerseits sind die Einwürfe von Madame Si-mon sehr geistreich und zeugen von einer großen Ver-trautheit mit den Büchern ihres Mannes, die sie seit Jahrzehnten lektoriert. Andererseits scheinen ihre Kom-mentare um jeden Preis verhindern zu wollen, dass ihr Mann der Nachwelt eine andere als die von ihr favorisierte formal-ästhetische Lesart seines Werks hinterlässt. Immer wieder drängt sie darauf, die zeitgeschichtlichen Bezüge seiner großen Romane – den Krieg, die Schlachtfelder in Flandern, das Trauma des Kavalleristen inmitten des hochtechnisierten Mordens – herunterzuspielen. Claude Simon gibt ihr schließlich recht: Die Kunst habe kein Thema, man könne auch über so gut wie nichts schreiben. Es komme im Schreiben nur auf das Wie an, niemals auf das Was. Am Ende sei es in seinem Leben nur darum ge-gangen, «ein schönes Buch zu schreiben». Deswegen sehe er sein Leben als erfüllt an.

Sieben Jahre nach unserem Gespräch auf den arabischen Kissen in der kleinen Nomadenwohnung an der Place Monge ist Claude Simon gestorben. Er wurde 91 Jahre alt. Seine Bilder hat Réa Simon nach seinem Tod in seinem Auftrag zerstört.

Unser Jahrhundert geht zu Ende. Sie haben es beinahe vom Anfang bis zum Ende begleitet. Gibt es ein Resümee?
CLAUDE SIMON: Es war ein außerordentliches Jahrhundert, literarisch, künstlerisch. Mit Proust hat es angefangen, dann kamen Joyce, Céline, Picasso, Rauschenberg, eine großartige Zeit.

Eine Erfolgsgeschichte?
RÉA SIMON: Es gab auch den Krieg.
SIMON: Ja. Ja, der Krieg.
MADAME SIMON: Du denkst nur an die Kunst.
SIMON: Ja. Das hat mich immer am meisten interessiert. Der Krieg, natürlich war ich im Krieg, wie jeder, das ist nicht besonders amüsant. Aber das Interessanteste sind doch die Zusammenbrüche. Alle geistigen Systeme, alle Ideologien sind in diesem Jahrhundert zusammengebrochen. Es war das Jahrhundert der Monster. Alles in diesem Jahrhundert war monströs. Alles ist explodiert. Die Formen, die Farben, Schwitters, die Collagen … Und überhaupt, der Gegenstand ist verschwunden, überall in der Literatur und in der Malerei, die erzählte Geschichte, die gemalte Figur, alles ist in Fragmente zerfallen.

Sie haben dabei ziemlich mitgeholfen.
SIMON: Nach Kafka, nach Proust konnte man nicht mehr normal weiterschreiben. Wozu erfindet man eine Geschichte? Meine Frau wird wieder nicht einverstanden sein. Wozu schreibt Flaubert *Madame Bovary*? Doch

nicht, um die Geschichte eines Ehebruchs zu erzählen. Der Sinn eines solchen Buches ergibt sich erst beim Schreiben. Wir schreiben und wissen nichts.

MADAME SIMON: Nein, Claude. Es gibt immer ein Wissen. Irgendwer weiß immer etwas, der Leser zum Beispiel.

SIMON: Aber dieses Wissen ist nicht didaktisch. Früher waren die Romane didaktisch. Sie sind Deutsche. Mein Evangelium ist ein Satz von Novalis: «Mit der Sprache ist es wie mit den mathematischen Formeln – sie drücken nichts als ihre wunderbare Natur aus, und ebendarum sind sie so ausdrucksvoll – ebendarum spiegelt sich in ihnen das seltsame Verhältnisspiel der Dinge.» Sprache muss stimmen, sie muss harmonisch sein, sie muss aufgehen wie eine mathematische Gleichung.

Aber Literatur ist nicht Mathematik. Gab es nicht Augenblicke in Ihrem Leben, Stunden, Tage, nach denen nichts mehr so war wie zuvor, auch die Literatur nicht?

SIMON: Sicher. Der Tod meiner Eltern zum Beispiel. Und die Stunde, die ich im Mai 1940 auf meinem Pferd diesem Irren, dem wahnsinnigen Oberst in Flandern, hinterhergeritten bin.

MADAME SIMON: Eine Stunde, sagst du?

SIMON: Ja, eine Stunde. Oder fünf Kilometer vom Schloss bis zu der Stelle, wo er getötet wurde. Das Gefühl, in der nächsten Sekunde sterben und nichts dagegen unternehmen zu können, das war so ein Moment.

MADAME SIMON: Aber das ist nicht der Grund, warum Claude schreibt. Das darf man nicht verwechseln. Er schreibt nicht, um das zu erzählen.

SIMON: Nein. Ich schreibe nicht, um das zu erzählen.

Dafür erzählen Sie das aber ziemlich oft, diese unglaubliche Szene kommt in Ihren Romanen immer wieder vor.
SIMON: Ich bin kein Kriegsschriftsteller.

Aber war die Schlacht in Flandern, bei der beinahe Ihr gesamtes Kavallerieregiment getötet wurde, nicht auch so eine Explosion? Ein Erlebnis, das die Welt in tausend Teile zerschlägt? Ein Erlebnis, das auch die Literatur in tausend Teile zerschlägt?
MADAME SIMON: Das können Sie so nicht sagen. Das ist nicht wahr. Es waren nicht diese Stunden nach der Schlacht, die ihn zum Schriftsteller gemacht haben. Er war Maler. Er war ein unzufriedener Maler. Und er wurde Schriftsteller. Mit dem Krieg hat das gar nichts zu tun.
SIMON: Ja, genau. Ich war im Krieg, ich war Gefangener, ich bin geflohen und habe *Der Falschspieler* geschrieben.

Von der Schlacht in Flandern haben Sie erst 20 Jahre später erzählt. Aber war sie nicht auch in allen anderen Büchern anwesend, als ein Nullpunkt, an dem alles von vorne anfing? Ein Punkt, der die Bücher auseinanderfliegen ließ, die Perspektiven ins Rutschen brachte?
MADAME SIMON: Das war schon vor dem Krieg so. Der Krieg ist Material. Erinnerungsmaterial.

Für Ernst Jünger war der Erste Weltkrieg ein ästhetisches Phänomen, ein Faszinosum unter künstlerischen Gesichtspunkten.
MADAME SIMON: Claude lebt nicht als Künstler.
SIMON: Ich habe nicht als Künstler gelebt. Schon gar nicht im Krieg.

MADAME SIMON: Claude hat seinen Vater, seine Mutter verloren. Er war neun Monate alt, als sein Vater starb. Er hatte keine Geschwister. Er war vollkommen alleine. Das ist für ihn viel bedeutender als alles andere.
SIMON: Was ist bedeutend? Proust hat das Leben eines Idioten unter Idioten geführt. Das hat dem Werk nicht geschadet. Auch wenn man nichts erlebt, erlebt man etwas.

Was?
SIMON: Irgendwas. Das große Thema, der große Gegenstand der Literatur, das ist vorbei. Van Gogh malt ein Paar Stiefel. Und Schluss.

Und bald darauf ist die Leinwand leer. Sie haben das Sujet immer weiter verkleinert. Bleibt noch etwas übrig?
SIMON: Alles. Es gibt immer etwas zu tun. In der Kunst gibt es keinen Fortschritt. Man macht immer nur etwas anderes, nie etwas Besseres.

Dann kann man aus der Kunst nichts lernen?
SIMON: Sie stellen mir Fragen.

Was kann man lernen?
SIMON: Mich interessiert nur das Wie. Wie passiert etwas, nicht, warum passiert es. Warum gibt es das Gras? Warum gibt es die Sterne? Das sollen die Theologen beantworten.

Oder warum gab es Kriege, warum gab es Auschwitz?
MADAME SIMON: Er kann nicht antworten. Wie sind wir dahin gekommen, das kann er sagen.
SIMON: Kann ich nicht. Wenn ich sage, wie wir dahin gekommen sind, weiß ich auch, warum wir dahin gekom-

men sind. Auschwitz kann niemand verstehen. Im Kongo wäre das etwas anderes gewesen.

MADAME SIMON: Claude hat sich nie damit beschäftigt. Wer sich damit wirklich beschäftigt, findet vielleicht heraus, warum.

SIMON: Nein, das ist unerklärlich. Der Krieg ist etwas anderes, das ist Natur. Das gab es immer schon. Das gibt es bis heute. Während wir hier sprechen, bringen sich gerade Menschen um. Wir sitzen hier wie die Damen bei Proust, auf einer Terrasse in Balbec, und nebenan wird geschossen. Es gibt nichts Unmenschliches. Alles Unmenschliche wird von Menschen begangen. In uns lebt ein Monster. Auschwitz, das haben Menschen gemacht. Lies de Sade.

MADAME SIMON: Ja, Chéri, aber nicht alle Menschen können so etwas tun.

SIMON: Als Kind habe ich den Fliegen die Flügel ausgerissen.

MADAME SIMON: Ich nie. Deswegen bin ich nichts Besseres.

SIMON: In jedem ist ein Monster.

MADAME SIMON: Aber es zeigt sich, oder es zeigt sich nicht.

Es lässt sich also nichts aus der Geschichte lernen?
SIMON: Nur, dass wir Monster sind.

MADAME SIMON: Nein, die Sitten ändern sich. Denk nur an Pinochet, Claude. Vor 20 Jahren wäre das doch undenkbar gewesen! Es gibt Fortschritte.

SIMON: In mir ist ein Monster!

MADAME SIMON: In dir ist ein Monster? Du bist aber nicht aus dem Kongo. Und wenn du aus dem Kongo wärst, wärst das nicht du.

SIMON: Der Henker von Auschwitz, das ist mein Bruder.
MADAME SIMON: Nein, das ist nicht dein Bruder.

Im Zweifelsfall war er mein Großvater.
MADAME SIMON: Claude ist Künstler. Ich sehe ihn seit
37 Jahren jeden Tag. Er verbringt seine Zeit nicht damit,
sich über das Wie und Warum der Dinge zu befragen.
SIMON: Ich beschäftige mich mit der Literatur.

Sprechen wir nicht über Literatur?
SIMON: Wir sprechen über Material. Für van Gogh waren
die Stiefel nur ein Vorwand, um zu malen. Mich interessiert das literarische Werk, nicht sein Gegenstand.
MADAME SIMON: Claude, du musst Madame erklären, wie
du schreibst. Du schreibst heute, hier, in diesem Augenblick. Du schreibst nicht, um dich an irgendetwas zu erinnern. Etwas zu verarbeiten.
SIMON: Ein Maler malt, um zu malen. Er nimmt Grün,
Rot und Blau. Er kann die größten Abscheulichkeiten
malen, Krieg, Schlacht. Und wenn wir das Bild ansehen,
empfinden wir Freude.

**Die Lust am Text, die Freude am Bild. Das kann doch
nicht alles sein?**
SIMON: Alles dreht sich nur darum, ein schönes Buch zu
schreiben. Nehmen Sie meine *Georgica*. Nichts von dem,
was ich da beschreibe, habe ich erlebt. Was ich gemacht
habe, ist: alles so zu arrangieren, dass es harmoniert.

Ist das nicht ein wenig hedonistisch?
SIMON: Um was soll es denn sonst gehen? Warum lesen
Sie ein Buch? Um Spaß zu haben.

Um die Welt zu verstehen. Ich verstehe die Welt besser, wenn ich einen Roman von Ihnen gelesen habe.

SIMON: Dann haben Sie eben Lust, die Welt zu verstehen.

In Ihrem jüngsten Buch, *Jardin des Plantes*, kann man weniger über die Lust am Text als über die Melancholie am Leben lernen. Es ist viel von der Müdigkeit die Rede.

SIMON: Nicht wie Sie denken. Nicht die Melancholie Dürers oder Mallarmés … «la chair est triste et lasse! Et j'ai lu tous les livres», das Fleisch ist traurig und müde, und ich habe alle Bücher gelesen … Nein. Die Welt ist schön, und ich muss sie verlassen und habe noch immer nicht alle Bücher gelesen.

Was wird Ihnen am meisten fehlen, wenn Sie das Leben verlassen müssen?

SIMON: Das Leben. Die Vögel, der Himmel. Nicht mehr schwimmen zu können, nicht mehr in der Sonne zu sein. Alles, alles, alles.

«Man muss nur eines wissen:
Was man wirklich und wahrhaftig will.»

PETER RÜHMKORF

Mit dem Hamburger Dichter Peter Rühmkorf zu sprechen ist einerseits ganz einfach. Er wohnt im Jahr 1999 nur einen Steinwurf von mir entfernt direkt an der Elbe. Es ist andererseits kompliziert, denn ein Gespräch mit ihm ist keine normaltourige Unterhaltung, sondern ein Hochseilakt, bei dem kein Schritt und kein Wort danebengehen darf.

Wir sind um die Mittagszeit in seinem Haus in Hamburg-Övelgönne verabredet. Peter Rühmkorf hat sich auf das Gespräch vorbereitet, zwei Flaschen Aldi-Sekt der Marke Veuve Durant stehen auf dem Tisch bereit. In wenigen Tagen wird er seinen 70. Geburtstag feiern. Vor vier Jahren ist sein Tagebuch *TABU I* mit seinen Aufzeichnungen aus der Wendezeit erschienen. Darin glänzt er in der Rolle des pessimistischen Zeitbeobachters, in der er sich zu Beginn der siebziger Jahre in seinem Buch über den 68er-Aufbruch *Die Jahre, die ihr kennt* schon einmal erprobt hat.

Rühmkorf liebt die Außenseiter unter den deutschen Literaten – Heinrich Heine, Arno Schmidt, Robert Gernhardt, Kurt Tucholsky. Und auch ihm ist der wehmütige Blick vom Rand – eines Fernsehsessels, eines Diwans, eines Schreibtisches – auf das Zeitgeschehen der liebste. Seine Schreibstube hoch über der Elbe, nur über eine schmale

Stiege seines Hauses erreichbar, scheint dafür der richtige Ort zu sein. Ähnlich wie im Pariser Mansardenzimmer von Claude Simon herrscht hier größte, ja studentische Einfachheit: ein Stuhl, ein Tisch, ein schmales Bett, ein paar Bücher. Auch Peter Rühmkorf gehört zum Typus der Dachstubenpoeten. Wie er überhaupt seinen siebzig Jahren zum Trotz in seinen Jeans, mit seinen langen Haaren, seinem Wollpullover und seiner hageren Erscheinung an diesem Nachmittag den Eindruck von unverwüstlicher Jugendlichkeit verbreitet.

Doch das mag täuschen. Vielleicht stirbt die Gattung des bis ins hohe Alter unverbrauchten «jungen Mannes», zu der Peter Rühmkorf, aber auch seine Generationsgenossen Hans Magnus Enzensberger oder Martin Walser gehören, mit diesen letzten Exemplaren gerade aus. Peter Rühmkorf ist an diesem Nachmittag nicht frei von Untergangsstimmungen. Einmal sagt er düster: «Es geht da etwas zu Ende, und zwar definitiv.» Die beiden Aldi-Flaschen sind schließlich leer.

Obwohl Peter Rühmkorf in dem Gespräch beteuert, nirgendwo anders als in seinem angestammten Hochsitz über der Elbe leben zu wollen, musste er sein Haus einige Jahre später verlassen, nachdem eine Krebserkrankung es ihm unmöglich machte, die steilen Stiegen zum Arbeitszimmer zu erklimmen. Er zog mit seiner Frau in eine Bauernkate im Lauenburger Land, wo er acht Jahre nach unserem Hamburger Küchengespräch im Alter von 78 Jahren starb.

Nun stellen Sie mal ein paar ausgefallene Fragen.

Was machen Sie eigentlich den ganzen Tag?
Ich gehe um zwei, drei oder vier Uhr zu Bett, schlafe sechs, sieben oder acht Stunden und frühstücke gegen elf. Anschließend können Sie mich bei Sonnenwetter für anderthalb Stunden im Liegestuhl antreffen, wo ich Himmelsplankton durchsiebe. Folgen fünf Stunden an der Schreibmaschine (Olympia Monica), dann gehe ich allmählich zum Sekt über (Aldi, Veuve Durant) und notier die Perlen mit. Weiter: Mittagessen bereiten, kurzer, forscher Gang elbab und elbauf und im Anschluss eine Stunde Todesschlaf. Na ja, und dann geht's noch mal mit Galopp durch die Nacht.

Sie arbeiten den ganzen Tag?
Arbeiten möchte ich es gar nicht nennen. Ich verfasse mich selbst und dichte die Fugen ab.

Seit 1966 an dieser Stelle.
Ja, und zwar mit diesem gestaffelten und nie langweiligen Blick auf den Gehweg, die Vorgärtchen, den Strand, die Elbe, die Hafen- und Kaianlagen und schließlich die alles im Rahmen haltenden Harburger Berge.

Sie wollen nicht weg?
Um Himmels willen! Wo denken Sie hin?

Aber Sie sehen den Schiffen nach.
Hier kommt ja so allerhand vorbei. Wir haben in den Jahren hier alles miterlebt: die Segelschifffahrt, die Dampfschifffahrt, dann die neuesten Containertypen, die allerdings immer schiffsunähnlicher werden.

Es gibt hier vor Ihrem Fenster ja auch allerhand Menschenverkehr auf dem Weg an der Elbe. Werden die Menschen mit den Jahren auch immer menschenunähnlicher?

Sie werden immer stromlinienförmiger, vielleicht auch zweckdienlicher, wobei die Zwecke immer schneller wechseln und die Aufregungsgegenstände sich nur so jagen. Eigenartigerweise hat sich bei mir da so eine gewisse Gelassenheit herangebildet. So eine Art von Kehrdiannix, wenn das für Sie überhaupt eine Vokabel ist.

Das klang vor ein paar Jahren in Ihrem Tagebuch anders. Dort hatten Sie durchaus den sympathischen Furor eines mit der Welt ringenden enragierten Jammerlappens.

Es gibt eben Zeiten, wo die persönlichen Lebenskurven und der große Wellenschlag der Geschichte nicht so richtig zur Deckung kommen. Das war in den Jahren nach der APO so und dann wieder in den Zeiten der deutschen Wiedervereinigung, in denen ich das Tagebuch geschrieben habe. Nun inzwischen hat man sich wieder ein bisschen akkommodiert …

… der Weltkurve angenähert?

1989 war ich 60 geworden und hatte mich mächtig ins Zeug gelegt, um der drohenden Null wenigstens nicht mit leeren Händen entgegenzutreten. Dann brach dieser Einheitstrubel über uns herein, bei dem natürlich kein Mensch mehr nach meinen Büchern verlangte, sondern mich unentwegt nach meiner Meinung zur Einheit löcherte. Ich hatte – um es kurz zu machen – das Gefühl, als ob mein kleiner Manufakturwarenladen bei den allgemeinen völkischen Jubelfeiern einfach an den Rand der Welt geraten wäre und meine Bücher in den Boden getanzt würden.

Schwer gekränkt vom Weltenlauf?
Also, das ist so eine Art von Ironie, die mir etwas zu hochherrschaftlich über anderer Leut Sorgen hinwegpfeift. Mit solchen Fragen könnten Sie zum Beispiel den ganzen deutschen Expressionismus ins Lächerliche ziehen. Georg Trakl gekränkt vom Weltenlauf? Alfred Lichtenstein wohl etwas zu zart besaitet? Ferdinand Hardekopf reichlich nervenschwach und den Zeitumständen nicht ganz gewachsen? Was mich selbst angeht, kenn ich solche herbstlichen, meinetwegen auch Hadesanwehungen allerdings schon seit meiner Jugendzeit.

Aber jetzt, könnte man meinen, sind Sie das Segelschiff im Containerverkehr, eine Art Dinosaurier der Literatur?
Eine krisenanfällige Spezies, wie wir ja wissen, bis sie – wie Viktor von Scheffel sagt – eines Tages zu tief in die Kreise kamen, «da war es natürlich vorbei». Aber ernsthaft, endzeitliche Befürchtungen haben mich mein Leben lang gestreift, man muss nur wissen, wie man ihnen begegnet. Ein Autor kann das praktisch nur mit Büchern, Schriften, mit Gedichten. Als die APO bei ihrem großen Kehraus auch ihre Patenonkels von der Bühne fegte, hab ich in einem Buch, *Die Jahre, die ihr kennt* war der Titel, meine Knochen wieder zusammengesammelt und noch mal Bilanz gezogen.

Das ist schamhaft untertrieben. *Die Jahre, die ihr kennt* ist kein Denkmal für versehrte Revolutionäre, sondern eine stolze, sanft linksmelancholisch unterlegte Erfolgs-bilanz.

Von heut aus gesehen, ja. Und auch das *TABU*, mein Tagebuch der letzten Jahrzehnte, können Sie in diesem Sinn als Regenerationsmaschine begreifen. Das ist ja das Eigenartige an der Literatur. Sie reagiert mit einer fast krankhaften Nervosität auf die Gezeitenwechsel, und dann scheint manchmal ihr gesamtes Instrumentarium mit in den Strudel gerissen. Es ist ja nicht nur so, dass die Privatperson sich beleidigt oder aus dem Verkehr gezogen fühlt, die Gattung als solche steht auf einmal mit zur Dis-position. Ein magisches Ineins von dem schwankenden literarischen Ich und seinen poetischen Astralleibern. Ein Gebibber. Ein Geflatter. Aber das fängt sich dann eben doch irgendwann wieder in Sprache, und da phosphores-ziert es dann alles noch einmal besonders hübsch schwef-lig. Das sind so eigenartige Wiedergeburtsprozesse, die zunächst mit allerhand Pein und Schmerzen verbunden scheinen. Man starrt in die Zukunft wie in einen Abgrund, aber man sagt sich: Da musst du durch, einen Notausgang gibt es nicht, und auf einmal merkt man, es war eigentlich ein Jungbrunnen.

Das klingt toll. Magie und Schwefel, Geflatter und Astralleiber, am Ende der Jungbrunnen. Aber ist es auch wahr? Oder ist es nicht doch so, dass, wer in dieser ver-gessenen Zaubersprache spricht, nicht mehr jung ist?

Das ist die uralte Frage: Zu wem spricht man überhaupt noch? Vor welchem Hintergrund? In welchen Hallraum hinein? Alle literarischen Traditionen sind untergegangen.

Wo kann man überhaupt noch anknüpfen? Von der Bibel über die Odyssee bis zum protestantischen Kirchenlied ist ja nichts mehr vorauszusetzen, der ganze klassische Bildungstempel ist geschleift.

Doch der verwaiste Tempelherr trinkt Sekt von Aldi und ist vergnügt.
Ich habe immer versucht, mein Ohr ganz tief zum Boden zu neigen und in den obskursten Ecken und Winkeln herumzuhorchen, ob nicht doch noch irgendwo etwas auszumachen wäre, was auf ein kollektives Verständnis rechnen könnte. Zum Beispiel im Kindervers, im Abzählreim, im gereimten Werbespot klingelt und klimpert es doch noch heute. Und als ich 1967 die kommentierte Verssammlung *Über das Volksvermögen* herausgab, wurde es sogar so was wie ein Volksbuch für das zerschlagene Bildungsbürgertum.

Wann ist dieses kollektive bildungsbürgerliche Verständnis zuletzt noch gültig gewesen?
Als ich anfing, zu Schüler- und Unizeiten, verköstigte man sich noch von diesem uns manchmal sogar aufgedrängten klassischen Bildungsfutter. Nur von der bloßen Repetition kann ein sich als modern verstehender junger Dichter natürlich nicht leben. Damals stieß ich für mich zu neuen Methoden vor, das literarische Erbe gleichzeitig aufzurauen und frisch zu beleben, ein Verfahren, das man Parodie oder Variation nennen kann, ich habe mich in Zweifelsfällen lieber für das zweite Wort entschieden. Allerdings – und hier ist es kritisch – wo die Bildungsunterlagen schließlich nirgends mehr vorauszusetzen sind, hat auch die Parodie ihr Recht verloren.

Das eine wie das andere verhallte praktisch in der Enklave der Lit-Seminare und stieß draußen in der Welt nur noch auf ein großes Hekuba.

Das klingt so, als hätten Sie immer in derselben Distanz zu Ihrer Zeit gestanden. Gibt es keine Jahre, die einfach Ihre Jahre waren, eine Zeit, in der Sie sich zu Hause gefühlt haben?
Wer sich in der Welt so richtig geborgen und zu Hause fühlt, hat in der Literatur vermutlich gar nichts verloren. Meinen absoluten Transzendentaldurchhänger hatte ich bereits in meinem 40. Lebensjahr.

Mit 40 wird die Sanduhr umgedreht.
Ach, die Sanduhr, ja, die hab ich mein Leben lang als Zeitanzeiger mit mir rumgetragen. Oder denken Sie mal an die Federzeichnung, die Kokoschka von dem jungen Albert Ehrenstein gemacht hat, dieses berühmte Porträt mit dem Tödchen auf der Schulter, das hatte ich mir schon als 18-Jähriger sehr persönlich zugezogen. Aber gegen solche Huckaufe muss man ansingen, auch wenn vielleicht nur ein «kleines Totentänzchen» dabei herausspringt. Schließlich bin ich ja nicht der erste und schon gar nicht der gefährdetste Depressionscharakter auf dieser Welt, verglichen mit Trakl zum Beispiel.

Der ist ja auch früh gestorben. Die interessantere Frage ist doch, wie man als Depressionscharakter alt wird?
Man sollte jedes Jahr zur Kenntnis nehmen, wie es kommt. Man muss nur eines wissen: was man wirklich und wahrhaftig will, und das dann mit allen Mitteln verfolgen. Auch chemischen. Auch psychedelischen.

Und die Wonnen der Senilität?
Eigentlich hab ich mich immer eher ein bisschen zu juvenil gefühlt. Wenn ich hier oben in meiner Papierbearbeitungswerkstatt sitze, fühl ich mich von meinen alten Studentenbuden gar nicht so weit entfernt. Manchmal bin ich sogar geneigt, mich als ewigen Studenten zu betrachten.

Heute sind nicht einmal mehr die Studenten juvenil. Mit Ihnen wird auch der ewige Student verschwinden und nicht mehr wiederkommen.
Schon Thomas Mann hat gesagt: «Nach mir kommt nichts mehr.» Bertolt Brecht kaum anderes, denn: «Von diesen Städten wird bleiben, der durch sie hindurchging, der Wind. / Fröhlich machet das Haus den Esser, er leert es. / Wir wissen, dass wir Vorläufige sind / Und nach uns wird kommen nichts Nennenswertes.» Also gut, immerhin, auch mit uns bricht was ab, unaufhaltsam wie das Morsum-Kliff, und das wird dann wohl für alle Ewigkeit im Strom des Vergessens verschwinden.

So sprechen Dinosaurier …
Ich sage Ihnen jetzt mal etwas Ernstes. Natürlich geht es auch um den Untergang einer Gattung. In der Poesie ist ein jahrhundertealter Zusammenhang zerschnitten. Allerletzten Endes weiß ich natürlich, dass wir hier ein winziges verschontes Idyll genießen, das man auch einen Altenteilerhochsitz in einem Weltmeer von Blut nennen könnte. Aber war das eigentlich schon mal anders? Auch Klopstock schrieb zur Zeit des Siebenjährigen Krieges seine emphatischen Oden.

Ich sage Ihnen auch mal etwas Ernstes. Ich fürchte, dass es Dichter wie Sie schon bald nicht mehr geben wird. Mit Ihnen wird eine literarische Tradition aussterben und nicht wiederkommen.

Ich kann ja nur aus meiner eigenen Haut heraus argumentieren. Ich habe da so gewisse finale Anwehungen, und egal, was die Jugend so treibt, kann ich von meinem Mansardenluk aus immer nur mein ewiges Noch einmal Einmal noch intonieren.

Sonst nichts?

Nein. Es geht da etwas zu Ende, und zwar definitiv, was für uns einmal – jedenfalls in unserer Edelgalaxis – ein allgemein erfreuliches und bereicherndes Gesellungsmedium war. Wir warfen uns damals so Gedichtzeilen wie Wurfanker zu – «dein Lächeln weint in meiner Brust» –, und der andere oder die andere ergänzte sofort: «Die glutverbissenen Lippen eisen», und schon war so eine abseitige Figur wie August Stramm zu einem Kommunikationsmagneten geworden.

Sie müssen ja immer bedenken, dass Gedichte die einzige literarische Gattung sind, die man im Kopf mit sich rumtragen kann. Marschverpflegung. Reisegepäck. Überlebensmanna. Und ich werde auch nicht aufhören, auf diesem Spezialgebiet den Spiritualagenten zu machen und zu fragen: Kennt ihr dies? Kennt ihr das? Kennt ihr den? Kennen Sie zum Beispiel eine so verspielte Gestalt wie Joachim Ringelnatz von seiner wirklich tiefen und herzergreifenden Seite: «Der Tod geht stolz spazieren, / Doch Sterben ist nur Zeitverlust. / Dir hängt ein Herz in deiner Brust, / Das darfst du nie verlieren.» Aber Gedichte sind natürlich nicht nur was zum Auswendiglernen, sie legen sich einem nahe, und dann muss man sie einfach weitertragen, weitersagen. Ich meine, ich möchte von meinem neuen Null-Ballon her ja keine jungen Kollegen in Frage stellen. Nur mal so ganz nebenbei fragen: Kennen Sie eine einzige Durs-Grünbein-Zeile auswendig? – Also bitte.

PÉTER NÁDAS

«Im Tod fängt etwas Großartiges an.»

Das Gespräch mit Péter Nádas ist kein Gespräch am Ende des Lebens. Dazu war der ungarische Schriftsteller mit seinen 60 Jahren noch viel zu jung, als wir uns im Dezember 2002 in Berlin trafen. Dennoch gehört das Gespräch in dieses Buch, denn es handelt von nichts anderem als – dem Ende des Lebens. Péter Nádás hatte einige Jahre zuvor in einem Budapester Krankenhaus einen dreieinhalbminütigen Herzstillstand erlitten. Dieses Erlebnis war für den Autor des *Buchs der Erinnerung* – sein großer Roman *Parallelgeschichten* wird auf Deutsch erst zehn Jahre nach unserem Gespräch erscheinen – so einschneidend, dass sich sein Leben in ein Davor und ein Danach teilte: Péter Nádas hatte einen kurzen Blick in die Unendlichkeit geworfen und war als ein anderer von dort zurückgekehrt.

Seine Erlebnisse in den Vorräumen des Todes hat er in einem kleinen Buch mit dem Titel *Mein eigener Tod* beschrieben, das kurz vor unserem Gespräch auf Deutsch erschienen war. Darin berichtet er mit unheimlicher Präzision von dem Tag, an dem schon beim Erwachen «nichts so war, wie es sein sollte». Er war von Gombosszeg, dem Dorf in Westungarn, in dem er mit seiner Frau Magda ein Bauernhaus bewohnt, nach Budapest gefahren. Das Wetter war prächtig. Die ersten Anzeichen des drohenden Infarkts versuchte er zu übergehen, er ging zum Zahnarzt, traf sich mit Bekannten. Am Nachmittag brach er in einer Arztpraxis zusammen, die er mit letzter Kraft erreicht hatte. Sein Herz blieb kurz darauf im Krankenhaus stehen.

Ich bin Péter Nádas schon oft begegnet, in Ungarn und in Deutschland. Jetzt sitzen wir in der Bibliothek des Berliner Wissenschaftskollegs. Wie immer ist er so sorgfältig gekleidet, als sei er gerade einem Thomas-Mann-Roman entstiegen. Ich bewundere bis heute die außergewöhnlich komplexen Ordnungssysteme, die im Werk und im Leben dieses Autors herrschen. Doch was er mir an diesem Tag anvertraut, ist so phantastisch, dass es alle Ordnungen sprengt. Péter Nádas hat nicht nur eine genaue, detailreiche Erinnerung an alles, was sich nach seinem Herzstillstand ereignete. Er ist auch in der Lage, diese überwältigenden Erlebnisse auszudrücken – dichterisch und unvermittelt in seinem Buch, ein bisschen nachdenklicher und nüchterner in unserem Gespräch.

In der Vorbereitung auf das Interview habe ich so ziemlich alles über Nahtod-Erlebnisse gelesen, was ich finden konnte, angefangen vom Tibetanischen Totenbuch bis zu den Arbeiten von Elisabeth Kübler-Ross. Die meisten Nahtod-Berichte decken sich mit den Erlebnissen, von denen Péter Nádas erzählt: Häufig sehen Sterbende ihr Leben in der Gesamtschau, erkennen die Gleichzeitigkeit aller Ereignisse und haben das Gefühl, in einem Tunnel zu stecken, an dessen Ende gleißendes Licht auf sie wartet. «Dir wird ein Ganzheitsgefühl zuteil», schreibt Nádas in seinem Bericht, «wie es in dieser jämmerlichen Schattenwelt höchstens mit religiöser Verzückung oder den Ekstasen der Liebe vergleichbar ist.» Obwohl er feststellt, dass «Gott leider in der Totalität der Zeit nicht zu entdecken ist», hat er eine tief beglückende Begegnung mit der «Kraft der Schöpfung». Die große Frage, ob es sich hierbei um Halluzinationen oder echte Jenseitserfahrungen handelt, stellt sich für den Autor nicht. Für ihn steht fest: Der Tod ist eine zweite Geburt.

Zehn Jahre nach diesem Berliner Gespräch werde ich Péter Nádas noch einmal sprechen, diesmal in Gombosszeg. Bei dieser Gelegenheit reden wir über seine Eltern, die jüdische Kommunisten waren. Über seine Mutter, die früh starb. Über seinen Vater, der Selbstmord beging. Über das Leben als junger Fotograf und Schriftsteller im Kommunismus, das ihm und seiner Frau, der Journalistin Magda Salamon, bald nur noch in der Abgeschiedenheit des Dorfes erträglich erschien. Über seinen Dreieinhalb-Minuten-Tod sprechen wir nicht.

Vielleicht ist das nicht nötig gewesen. Denn die Todeserfahrung, von der dieses Gespräch handelt, ist in die Textur seiner *Parallelgeschichten* eingegangen. In diesem unglaublichen Roman ist die lineare Zeit aufgelöst, und alle Geschichten geschehen gleichzeitig – als wären Körper, Seele und Universum der Ausdruck ein und derselben Kraft, die alles durchdringt und hervorbringt. Genauso, wie es an der Schwelle des Todes gewesen war.

Neun Jahre nachdem Ihr Herz für einige Minuten nicht mehr schlug, veröffentlichen Sie ein Buch, das heißt *Mein eigener Tod*. Warum heißt das Buch *Mein eigener Tod*?
Das ist ein Tatbestand. Es war mein eigener Tod, das kann niemand bezweifeln und mir wegnehmen.

Aber Sie leben.
Die Wissenschaftler sprechen nicht von Tod, sondern von Todesnähe, die Ärzte sind noch sorgfältiger. Sie kennen noch andere Fachausdrücke, um zu bezeichnen, was das Herz gerade macht oder in diesem Fall nicht macht. Aber ich wusste, dass ich sterbe. Die Ärzte hantieren in diesem Augenblick mit ihren Geräten wie kleine Kinder mit Spielzeugen, ohne zu wissen, was sie letzten Endes tun, wenn sie mich zurückbeordern. Wer zurückgebracht wird, weiß mehr als sie.

Was weiß er?
Die Ärzte stellen sich den Tod als etwas vor, das unserem Leben ein Ende setzt. In Wahrheit fängt etwas Großartiges an. Da stimme ich den christlich-jüdischen Jenseitsvorstellungen zu.

Wie müssen wir uns das Jenseits also vorstellen?
Die Erdenschwere verschwindet, und die Bewusstseinsinhalte sind alle gleichzeitig verfügbar. Sie erzeugen einen Raum, den man ewig und unendlich nennen könnte. Aber das alles sind schlechte Übersetzungen einer sprachlosen Erfahrung.

Von Friedrich Schiller ist der Seufzer überliefert: «Spricht die Seele, so spricht, ach!, schon die Seele nicht mehr.» Sind wir trotz der beeindruckenden Armada der Weltliteratur und Wissenschaft in den entscheidenden Dingen noch immer sprachlos?
Die Seele ist kein wissenschaftliches Forschungsobjekt. Wir können sie in gewissen Momenten erleben und spüren, in der Liebe, in Augenblicken religiöser Verzückung.

An der Schwelle des Todes hat man ein sehr abstraktes Denken, das nicht mit der Sprache verbunden ist, gleichzeitig fasst man sinnlich mehr auf, als man je sprachlich ausdrücken, geschweige denn nachträglich sprachlich aufarbeiten könnte.

Versucht die Literatur in ihren Sternstunden nicht, diese Sprache der Seele, vielleicht sogar die Sprache des Todes zu sprechen?
Die Dramatik der Literatur, der Kunst rührt daher, von dieser unendlichen und zeitlosen Welt, die vor oder nach der Sprache liegt.

Gibt es in dieser Welt Bilder?
Ich habe Bilder. Allerdings ohne Bildbedeutung.

In der Lyrik spricht man von absoluten Metaphern, das sind Bilder, die nur im Zusammenhang des Gedichtes bedeutsam sind und keine Verbindung mit der Wirklichkeit haben. Sind die Todesbilder absolute Metaphern?
Ja, ich würde von Bewusstseinsinhalten sprechen, die zu verschiedenen Bewusstseinsebenen gehören. Diese Inhalte können auf einer anderen Ebene zwar Auswirkungen haben, aber dort keine Bedeutung erlangen. Sie bestehen aus allem, was ich mein Leben lang bewusst und unbewusst aufgenommen habe, verarbeitet oder nicht verarbeitet habe.

Heißt das: Aus dem Gefängnis des immer schon Bekannten kommt man bis zum Schluss nicht heraus? Und doch sagen Sie in Ihrem Buch, das Licht, das Ihnen in der Nähe des Todes aufgegangen ist, das kannten Sie nicht.

Es gibt pränatale Eindrücke, für die das Bewusstsein kein Wort, sondern bildhafte Übersetzungen hat. Bis heute spüre und sehe ich diesen Rutsch, mit dem ich aus dem Uterus in den Geburtskanal gedreht wurde, weil ich ihn im Moment des Todes gespürt habe. Ich wurde von einem Ort zu einem anderen befördert. Das alles ist völlig unbekannt. Man mag das nennen, wie man will, aber diese Drehung und das völlig unbekannte Licht am Ende der Höhle sind eine Tatsache.

Das Licht hat im Christentum von der Weihnachtsbaumkerze bis zu den Erleuchtungsekstasen der Mystiker eine tiefe Symbolik. Christus sagt: «Ich bin das Licht der Welt.» Haben Sie das Licht der Erlösung gesehen, oder war es nur das Licht im Kreißsaal?
Vielleicht das Licht im Kreißsaal, in dem Geburt und Tod sich gleichsam berühren. Es ist ein Licht, in dem ich in eine andere Dimension übertrete oder in dem ich mich auflöse. Darüber kann ich nichts sagen, da ich mit elektrischen Schlägen zurückbefördert wurde.

Wo waren Sie, als das geschah?
Im Universum. Aber dieses Wort ist nur ein Gleichnis. Ich habe mich in diesem Weltall so sicher gefühlt wie nie zuvor, auch bei meinen Geliebten nicht. Oder noch am ehesten bei meinen Geliebten. Doch in der Liebe spürt man immer, dass sie auf etwas hinauswill, das man nie erreichen wird. Endlich war ich dort angekommen, wo dieser Liebeswunsch in Erfüllung geht, im Mutterleib.

Endlich das Glück, das man ein Leben lang gesucht hat?
Ich nenne es Glück, weil ich kein besseres Wort habe.

Ich war in einem vorchristlichen, vorbegrifflichen Zustand, erinnerte mich an die Begriffe und sagte, was für ein Glück, dass ich von allem befreit bin.

Wie war es, aus dieser Seligkeit zurückzukehren ins Leben?
Furchtbar. Es dauerte fünf Jahre, ich musste wie ein kleines Kind erwachsene Verhaltensmuster wiedererlernen, mich brav verhalten, mich wohlfühlen, man hat nichts vergessen, aber muss alles wieder zusammenbringen.

In Ihrem Buch nennen Sie unsere Welt nur noch «die Schattenwelt».
Ich war schon immer ein Platoniker. Aber jetzt habe ich ein Wissen davon, was Platon meint, was die großen Religionen meinen, was das Tibetanische Totenbuch meint.

Was bedeutet dieses Wissen für die Literatur?
Das ist ein großes literarisches, philosophisches Problem: Wie deute ich mein Leben im Weltall, in der Gesellschaft, wie füge ich mich ein? Das ist für einen Schriftsteller grundlegend. Stelle ich mir ein Leben so vor, dass es einen Anfang und ein Ende hat oder nicht? Oder einen Anfang, aber kein Ende? Ist ein Leben eine geschlossene Einheit, die aus nichts kommt und in nichts geht? Ich weiß jetzt, dass die Rede von Anfang und Ende nur ein kultureller Topos ist.

Ist der christliche Glaube danach auch nur ein kultureller Topos?
Christentum und Judentum benutzen einen Trick: Gott schuf den Menschen nach seinem Bilde. Diese Kausalität

eines Ursprungs ist eine Fälschung, und alles, was sich daraus ableitet, ist entsprechend falsch. Diese Fälschung spüren wir alle, die Literatur beschäftigt sich mit nichts anderem als mit dieser Fälschung.

«Gott ist leider ... ein peinlicher Irrtum», heißt es in Ihrem Sterbebericht. Dennoch sprechen Sie von der Schöpfungskraft, die den Sterbenden umfängt?
Ja, das ist sehr gefährlich. Ich spreche von der Schöpfungskraft, die nicht außer mir oder über mir, sondern in mir ist. Ich verknüpfe sie mit dem sehr konkreten Geburtserlebnis, das mir im Sterben widerfahren ist.

Sie wissen, dass die Medizin das für Unfug hält?
Warum soll das Gehirn das Geburtserlebnis nicht in Bilder übersetzen? Der Mensch kommt auf die Welt und ist vom Licht geblendet. Ich nehme im Sterben etwas zur Kenntnis, was ich schon vorher gewusst habe. Ich wurde schon einmal geboren. Dieses vorbegriffliche Erlebnis habe ich durchs Leben geschleppt.

Die Wissenschaft hat hirnphysiologische Erklärungen für solche Erlebnisse. Sie hält die Sterbevisionen für Halluzinationen, ausgelöst durch Endorphine und andere Botenstoffe.
An einem Tag gibt es mechanisches Denken, am anderen organisches Denken, am nächsten transzendentales. Aber die Frage ist doch, in welchem Verhältnis sie zueinander stehen. Die rationalen Erklärungen entschlüsseln lediglich, warum ich auf bestimmte Bewusstseinsinhalte angewiesen war.

Dennoch: Geht es um die tieferen Geheimnisse des Körpers oder um die Teilhabe des Geistes am Universum?

Das ist eine sehr große, aufregende Frage. Jeder kann sie beantworten, wenn er herausfindet, was zwischen zwei Menschen geschieht, wenn sie einander verstehen. Ist das nur Farbe, Form, Bewegung? Oder ist das auch Seele, worüber nur in alten Literaturen etwas abgenutzt gesprochen wird? Hat die Materie Übergänge in etwas, das nicht Materie ist, wie zum Beispiel das Licht? Der Körper ist nur ein Vermittler. Er ermöglicht uns einen Vorgeschmack der Transzendenz.

Es gibt eine umfangreiche und zum Teil sehr lesenswerte Literatur über Nahtod-Erlebnisse, angefangen vom erwähnten Tibetanischen Totenbuch über die Fallstudien von Raymond A. Moody bis zu David Lorimer, Carol Zaleski, Hubert Knoblauch und anderen. Am frappantesten daran ist die Wiederkehr der immer gleichen Motive, die Aufhebung der Zeit, der Tunnel, das Licht am Ende des Tunnels.

Offenbar gibt es Phasen, die fast alle in diesem Stadium erleben, egal, ob Schriftsteller oder nicht. Aber die Sprachweise, wie ich davon erzähle, ist kulturell und sozial gefärbt.

Gibt es eine Botschaft, die Sie mitgebracht haben?

Nein, eine Botschaft gibt es nicht. Ich spreche über eine Erfahrung. Unsere persönliche Geschichte hat eine Wichtigkeit, aber wir sind nicht durch diese persönliche Geschichte in das Universum eingebunden. Man ist von seiner Verantwortung für dieses Leben und die anderen Menschen dennoch nicht entbunden. Im Gegenteil, wir alle haben diese vorpersonale Schicht in uns, die uns verbindet und uns alle in das Universum einbindet. Das ist die Erfahrung, von der ich spreche. Man kann das Gott nennen, Seele oder kollektives Unbewusstes. Mit unserer Person und unserer Geschichte allerdings hat das alles nichts zu tun. Im Sterben werden die richtigen Proportionen sichtbar.

In der Philosophie liegen für diese vorpersonale Schicht, angefangen beim Ureinen über den Seinsgrund bis zum nichtenden Nichts und dem Nichtidentischen, eine Menge hochmögender Begriffe bereit.
Heidegger und Hegel sprechen über etwas, das ausgewählt ist und aufgehoben wird. Ich spreche über etwas, das zweifach verbunden ist, durch das Persönlich-Begriffliche und das Vorpersönlich-Nichtbegriffliche.

Und die Nähe zu diesem Etwas, schreiben Sie, sollte man suchen. Nicht nur in der Stunde des Todes? Ist das ein Appell?
Das ist ein schüchterner Appell. Diese Nähe stellt sich nicht zufällig ein. Auf diese Nähe sollte man nicht verzichten. Poesie, Musik und Liebe kämpfen damit, diese Nähe nicht zu verlieren.

Spielt es in diesem unpersönlichen Licht des Todes für das Individuum überhaupt eine Rolle, ob es sich verwandelt oder auflöst?
Das ist völlig uninteressant. Sicher ist nur: Es gibt eine Regie. Nur wer der Regisseur ist, das ist die große Frage.

Sind Sie gläubig?

Vor meinem Schwellenerlebnis war ich ein halbwegs gläubiger Mensch. Jetzt weiß ich, der Glaube ist eine kulturell richtige, aber faktisch falsche Übersetzung von etwas, über das wir wenig wissen. Religion ist keine Aufgabe, kein Jenseits, keine Kultur für die Abendstunden. Sie ist eine Leidenschaft, die durch die Ergebnisse nicht zu begründen ist. Der Glaube an die Transzendenz hat mich unfrei gemacht. Jetzt weiß ich, dass sie eingebunden ist und wir nicht wie unartige Kinder zu ihr aufsehen müssen. Sie verbindet uns alle, uns Wirbeltiere, und meinetwegen sogar die Menschen mit den Blättern.

Sie haben ein Jahr lang jeden Tag einen Baum in Ihrem Garten fotografiert.

Ein Jahr lang bin ich von diesem Baum nicht weggegangen. Dann habe ich den Text geschrieben, wissend, wie Bild und Text zusammenhängen und zusammenstehen sollten.

Der Baum erblüht auf der einen Seite, wenn Sie auf der anderen sterben.

Unabhängig von mir.

Haben Sie Angst vor dem nächsten Tod?

Nein, überhaupt nicht. Ich kämpfe mit dem Tod, das heißt, meine Physis kämpft, und ich bleibe doch von Kampf und Vergehen unberührt. Danach ist es gut, alles ist besser.

ANDREJ BITOW

«Jedes Leben kann erzählt werden
als eine Kette von Wundern.»

Andrej Bitow treffe ich im Spätsommer 2004 im Moskauer Haus der Schriftsteller, das sich in der Lawruschinskijgasse befindet. Zu diesem in Stalins Auftrag erbauten Haus hat der vielleicht bedeutendste russische Autor postsowjetischer Zeit jederzeit freien Zugang, denn er ist seit über einem Jahrzehnt der Präsident des russischen PEN-Clubs.

Ich bin Andrej Bitow noch nie begegnet, aber ich kenne seine Romane *Das Puschkinhaus* und *Puschkins Hase* und auch seine literarischen Reiseberichte aus Armenien und Georgien, die kurz zuvor auf Deutsch erschienen sind. Seine Kindheit Ende der dreißiger Jahre in Leningrad, seine Jugend in der Stalinzeit, sein Studium am Leningrader Bergbauinstitut, seine Reisen an die Ränder des sowjetischen Imperiums machen ihn zum Zeugen einer gerade verschwindenden Welt.

Für das Gespräch mit Andrej Bitow bin ich auf die Dienste seiner deutschen Übersetzerin Rosemarie Tietze angewiesen. Sie führt mich durch das Gewimmel des Stadtteils Samoskworetschje in das dunkle Haus und in ein noch dunkleres Gemach voller ausrangierter Möbel, in dem der PEN-Präsident auf uns wartet. Andrej Bitow hat gerade eine Krebserkrankung überstanden und wirkt älter und gebrechlicher, als seine 66 Jahre es erwarten lassen. Mit seiner weit geschnittenen schwarzen Leinenjacke und seinen ausdrucksvollen braunen Augen im bleichen Gesicht sieht er im Halbdunkel des Schriftstellerhauses aus wie ein zweiter Tolstoi. Und er spricht auch so. Es dauert keine fünf Minuten, bis wir unbefestigtes metaphysisches Gesprächsgelände erreichen und uns über die russische Seele, das Absurde, die Unendlichkeit, den Glauben, den Kosmos und den Tod unterhalten, als sei es das Selbstverständlichste der Welt.

Es gibt eine merkwürdige Landeskunde, nach der ist Frankreich für den Kopf, Deutschland für das Herz und Russland für die Seele zuständig.
Mir ist die Sprachkunde lieber: Englisch ist das Verb, Deutsch ist das Subjekt, und Russisch ist das Adjektiv. Aber im Ernst. Ich habe in der letzten Zeit, in der ich sehr krank war, viel über Russland nachgedacht. Man sagt, Russland sei ein zurückgebliebenes Land. Aber das ist es nicht. Es ist ein vorzeitiges Land. Ein Land, das den Rohzustand der globalisierten Welt zeigt. Auch der Mensch hier ist so. Er ist schon vorbereitet auf etwas, das noch nicht formuliert ist.

Heißt das, Europa hat sein Leben hinter sich, Russland hat sein Leben noch vor sich?
Russland hat schon zu viele Leben hinter sich. Es hat viele Nullzustände erlebt. Aber die Null ist eine gute Zahl, aus der Null entsteht Energie.

Fühlen Sie sich eher müde oder eher munter, historisch betrachtet?
Erschöpft, wenn ich daran denke, dass ich gerade den Krebs überwunden habe. Im Grunde geht es mir nicht anders als Russland.

Auch Russland hat den Krebs besiegt?
Nur Russland konnte den Sozialismus besiegen. Russland ist wild und unzivilisiert. Es konnte nicht in diesem Korsett stecken bleiben. Einer auf der Welt musste die Erfahrung des Sozialismus machen. Wir haben das übernommen.

Danke.
Es gibt Dinge, die sind älter als Europa. China und Indien etwa. Wir sind dazwischen. Wir leben in verschiedenen historischen Zeiten. Denken Sie an das georgische Sprichwort: Wenn die Schafsherde kehrtmacht, ist der letzte Hammel der Erste. Was Russland braucht, ist allmähliche Veränderung.

Welches der vergangenen russischen Zeitalter vermissen Sie am meisten?
Die Zeiten sucht man sich nicht aus. Man lebt in ihnen und stirbt in ihnen. Man liebt, was man kennt. Ich liebe die Puschkin-Zeit.

Als Sie 1937 geboren wurden, herrschte Stalin, als das Sowjetreich zusammenbrach, lag Ihr halbes Leben schon hinter Ihnen. Was empfinden Sie heute, wenn Sie an die Sowjetunion denken?
Ich habe an der sowjetischen Welt nicht teilgehabt. Ich

hatte aber eine gewisse Beziehung zum russischen Imperium. Dieser Verlust schmerzt mich. In meinen Augen gab es keine Sowjetmacht. Das ist alles eine Verfälschung. Die Sowjetmacht diente dazu, das Imperium nach dem Ersten Weltkrieg zu retten. Der Totalitarismus war das Eis, mit dem man das Imperium einfrieren konnte. Aber Menschen beseelen alles, in dem sie leben, ob Schützengräben oder Gefängniszellen, überall stellen sich menschliche Beziehungen her. Das war in unserem Imperium nicht anders. Es wurde am Ende nur noch vom Wodka zusammengehalten, vom Wodka und vom Bazar. Das war unser Reich des Guten. Danach sehnen wir uns noch immer.

Wo ist die ungeheure Energie geblieben, die das sowjetische Imperium hervorgebracht hat?
Der ideologische Druck von oben hatte keinen Geist. Das Volk ist gutgläubig, es hat Geist und Glauben in dieses System investiert. Es ist betrogen worden. Die Deutschen müssten das verstehen. Sie sind auch Idealisten. Das Hauptverbrechen der Sowjetunion war das gegen den natürlichen menschlichen Idealismus.

Es gab aber auch das Gegenteil, den Absurdismus, der in Russland entstanden ist. In Frankreich ist das Absurde eine elitäre Angelegenheit, in Russland ist das Absurde anscheinend überall zu Hause.
Ja, es ist wahr, das Absurde ist unsere echte Natur. Es hat hier überhaupt nichts Experimentelles oder Laborhaftes an sich. Es ist unsere Wirklichkeit. Für mich ist das Absurde die traditionelle, sich ununterbrochen fortsetzende russische Kultur, die schon immer unter unvorstellbaren

Bedingungen existiert hat. Als ehemaliger Geologe weiß ich, wie Gesteinsschichten zustande kommen. Unter unglaublichem Druck, bei ungeheuren Temperaturen. Unter solchen Bedingungen verändert die Natur ihre Struktur. Nicht anders entstand das Absurde in Russland. Es ging nie darum, jemanden nur zu verblüffen. Im Gegenteil: Wir sind auf der Welt, um Kafka wahr werden zu lassen.

Die Bücher, die in Deutschland von Andrej Bitow jetzt erschienen sind, die *Armenischen Lektionen* und das *Georgische Album*, sind allerdings alles andere als absurd. Ich lese sie auch als Dokumente einer sehr persönlichen Gottsuche. Was war das Ziel der Pilgerfahrten nach Armenien und Georgien?
Wenn ich im 19. Jahrhundert gelebt hätte, wäre ich Forschungsreisender gewesen. Das ist mein Charakter. Und auch im 20. Jahrhundert wäre ich gern durch die ganze Welt gereist. Das hat man mir nicht erlaubt. Aber das Land ist so riesig. Also bin ich wider Willen ein Imperiologe geworden – eine Wissenschaft, die ich mir ausgedacht habe. Äußerlich war ich Reisender im Imperium, innerlich war ich jemand, der versucht, dem Sinn des Lebens näher zu kommen. Das kann ich nur, wenn ich schreibe. Ich verstehe nichts, bevor ich es nicht niedergeschrieben habe.

Sind Sie dabei Gott näher gekommen?
Ich bin nicht religiös erzogen worden. Aber jedes Kind stellt irgendwann die Frage, was Unendlichkeit ist. Dann wird einem schwindelig. Ich erinnere mich an einen Tag in meiner Kindheit im Jahre 1944, da habe ich meine Mutter gefragt, ob es mich schon gab, bevor ich zur Welt gekommen bin. Ich hatte Angst zu fragen: Gibt es mich

auch noch, wenn es mich nicht mehr gibt? Das sind sehr natürliche menschliche Dinge. Gestalt gewinnen sie erst später. Vielleicht bekommt man sie auch geschenkt.

Gab es ein bestimmtes Erlebnis, das Sie zu einem gläubigen Menschen gemacht hat?
Der Glaube kam wie ein Schlag. Ich war 27 Jahre alt und ging gerade inmitten einer Menschenmenge die Treppe zur Metro hinunter. Plötzlich stand mir eine Schrift vor Augen. Ich habe mich sehr erschrocken. Da stand zu lesen: Ohne Gott ist das Leben sinnlos. Ich war unter der Erde, aber es war wie im Himmel.

Woran glauben Sie seit diesem Tag?
An Gott. Oder, ich weiß nicht. Wenn ich mir vorstelle, wie der Kosmos aussieht, was das Leben ist, wird mir wie in der Kindheit schwindelig.

Gott ist ein Schwindel?
Leben ist unmöglich. Alles andere kann man erklären. Leben nicht.

Wer hat die Schrift in die U-Bahn geschickt?
Es gibt Fragen ohne Antwort. Wenn so etwas geschieht, ist das wie in die Hände klatschen mit nur einer Hand.

Sie sind in einer atheistischen Umgebung groß geworden. Haben Sie sich den Himmel, die Religion ganz neu erfinden müssen?
Der Mensch kommt zur Welt als schreiendes, pissendes, kackendes Bündel. Das ist alles, was er kann. Alles andere muss er lernen. Das besorgen Eltern und Lehrer.

Den Himmel allerdings, den muss sich jeder selbst bauen. Oder er wird einem geschenkt. Es gibt Menschen mit Größenwahn. Die denken, sie seien Napoleon. Das ist eine Krankheit. Aber der größte Größenwahn ist, sich einzubilden, man glaube an Gott. Der Glaube ist eine Größe, die dem Menschen nicht entspricht. Er ist mehr als man selbst. Man kann es nicht erklären. Aber man kann damit leben. Ein bisschen.

Im Westen hält man das Leben für ein Verlustgeschäft. Je älter man wird, umso unbrauchbarer ist man für die Gesellschaft. Sie sind jetzt 66 Jahre alt. Hat Ihnen das Alter etwas weggenommen?
Ich bin immer noch am Leben. Ich habe gewonnen und verloren. Ich bin dumm genug, mich des Lebens zu freuen. Mutlosigkeit ist eine der größten Sünden. Ich habe eine Regel, die sagt: Man darf nicht alles auf sich selbst beziehen. Die Russen verstoßen andauernd gegen diese Regel. Das ist ein historischer Komplex.

Was ist daran russisch?
Ich sehe oft Kindern auf Flughäfen zu, aus allen Nationen. Sie weinen, sie spielen auf dieselbe Weise. Wir sind gleich geboren. Die Unterschiede beginnen später. Doch jedes Leben kann erzählt werden als eine Kette von Wundern. Es ist schwer, über die zu sprechen, die umgekommen sind. Aber die, die leben, sind ein Wunder. Ich selbst bin mindestens zehn Toden entkommen.

Glauben Sie auch an ein Wunder des Todes?
Das ist Gottes Geheimnis. Die Menschen hätten längst einen Weg gefunden, um den Tod zu erklären, wenn

dieses Programm im Gehirn nicht blockiert wäre. Diese Blockade ist vielleicht der strengste Gottesbeweis. Wir wissen nichts über den Tod. Vielleicht ist er ein Wunder wie die Geburt. Vielleicht ist er das größte Wunder überhaupt.

Der Tod ist in der Ordnung des westlichen Lebens nicht vorgesehen. Wenn ich daran denke, dass ich morgen sterbe, möchte ich vielleicht heute nicht zwölf Stunden lang über die neue Produktlinie von Tchibo nachgedacht haben.

Mir fallen dazu nur ein paar Zeilen eines Gospels ein: Gott, ich bin noch nicht bereit zu sterben, warte noch ein bisschen, I want to be ready to die. Das ist es: Man muss zum Sterben bereit sein. Es ist wichtig, dem Tod würdig zu begegnen. Aber der Mensch ist ein schwaches Geschöpf. «Um leichtes Leben habe ich Gott gebeten, um leichten Tod hätte ich bitten sollen», schrieb Mandelstam. Allein im Juni war ich auf sieben Beerdigungen. Das betrifft mich mehr als mein eigener Tod.

Den Sie nicht fürchten?

Angst ist das übelste aller menschlichen Gefühle. Ich glaube nicht an den strafenden Gott, ich empfinde nur eine grenzenlose Liebe.

Ärgern Sie sich nie darüber, im Leben schon so viel Zeit für unwichtige Dinge vergeudet zu haben?

Ich bin ein freier Mensch. Es ist der größte Luxus, Zeit zu vergeuden.

Haben Sie einen Wunsch, den Sie sich noch erfüllen müssen?

Ich möchte immer das Nächste tun, das Nächste von allem, was ich noch nicht getan habe. Ich möchte, dass es eine Fortsetzung gibt. Aber im Grunde denke ich, dem Wesentlichen kann man nichts hinzufügen. Das Wesentliche ist nicht zu erreichen. Man kann drum herumschreiben, schöne Verse machen, guten Wein trinken, einen guten Stuhl bauen. Mehr schafft man nicht. Aber wissen Sie, am Ende von solchen Gesprächen ist einem immer peinlich, was man gesagt hat. Die Welt ist fröhlicher als wir. Wir sterben, aber die Welt stirbt nicht.

«Der Zufall regiert die Welt.»

GEORGE TABORI

Seit ich denken kann, habe ich davon geträumt, eines Tages mit George Tabori zu sprechen. Und denken kann ich ungefähr, seit ich Mitte der siebziger Jahre in Berlin unter freiem Himmel seine Inszenierung des *Hamlet* in der Übersetzung von Heiner Müller gesehen und nie mehr vergessen habe. Leider hat es danach noch sehr lange gedauert, bis dieser Traum in Erfüllung ging.

George Tabori kommt im Mai 2004, auf einen silbernen Stock gestützt, in Begleitung seiner Frau Ursula Höpfner und seines Assistenten in die Kantine des Berliner Ensembles, setzt sich auf seinen Stammplatz neben die Eingangstür und bestellt Tee. Die Hausansage ruft die Schauspieler in die Maske. Die Abendaufführung des Berliner Ensembles ist in Vorbereitung.

In wenigen Tagen wird Tabori neunzig Jahre alt. Er wurde am 24. Mai 1914 als Sohn jüdischer Intellektueller in Budapest geboren. Das Überlebensprinzip des andauernden Orts- und Identitätswechsels entwickelte er während der Naziherrschaft und behielt es nach deren Ende bei. Er hat so viel erlebt, er hatte so viele Berufe, er hat an so vielen Orten gelebt, dass er sich selbst in seinem Leben inzwischen nicht mehr zurechtfindet. Was gehört in die Budapester, in die Londoner, in die Berliner, was in die

New Yorker Zeit? Was ist in Istanbul passiert, was in Sofia, in Hollywood, in Wien? Um von Tübingen, Bremen, München, Palästina und Ägypten gar nicht erst anzufangen. Nach so einem Leben kann man keine ordentliche Schlussabrechnung machen. Da ist auch der hilfsbereite Assistent überfordert, der neben Tabori auf der Lauer liegt, um mit einem Namen, einem Datum, einem Stichwort zu Diensten zu sein.

Es hilft alles nichts. An diesem Abend sitzt mir ein heiterer und gelöster George Tabori gegenüber, der an sich selbst wie an jemanden denkt, den er zwar einmal kannte – aber nicht besonders gut.

Nach dem Gespräch verschwindet Tabori gleich wieder mit seinem Silberstock auf dem Schiffbauer Damm, um zu Hause noch ein wenig fernzusehen und Kaffee zu trinken. Ich habe sein Buch *Autodafé. Erinnerungen* mitgebracht und ihn um eine Widmung gebeten. Stattdessen malt er ein Selbstporträt im Profil mit traurigen Augen und einer Nase hinein, die – Pardon – ziemlich erigiert aussieht. Darunter erst ein Frage-, dann ein Ausrufezeichen. Als wollte er sagen: Wer bin ich? Der bin ich! Ein trauriger Alter, der es noch immer allen zeigt.

In den drei Jahren, die ihm blieben, hat Tabori keinen *Lear* mehr inszeniert, obwohl er sich das in unserem Gespräch gewünscht hat. Aber er hat ein weiteres Erinnerungsbuch, *Exodus,* und ein neues Theaterstück, *Gesegnete Mahlzeit,* geschrieben, das im Mai 2007 am Berliner Ensemble uraufgeführt wird. Es ist seine letzte Inszenierung. Im Programmheft schreibt er: «Wie ich nun unsicher schwanke, mit einem Bein im Grab, ist jede Freude verziert mit der Süße des Abschieds.» Zwei Monate später ist er im Alter von 93 Jahren in Berlin gestorben.

Wollen wir anfangen?
Ich habe mein Hörgerät vergessen.

Sie werden neunzig Jahre alt. Wie ist es, alt zu sein?
Vor zehn Jahren hat es mich nicht beschäftigt, dass ich alt
war. Über den Tod und das Leben und diese Sachen habe
ich immer geschrieben, aber nicht besonders tragisch.
Jetzt denke ich daran, dass es eines Tages aus ist. Ich bin
der dienstälteste Theatermacher in der Welt. Sophokles
hat mit 80 Jahren aufgehört. Wieso bin ich so alt geworden?
ASSISTENT: Sie waren der Erste, der in Deutschland gejoggt ist!
Früher bin ich gejoggt, das habe ich aus Amerika mitgebracht. Jetzt habe ich mit allem aufgehört. Ich schäme
mich, ich gehe nicht joggen.

Wie fühlt sich das Alter von innen an?
Der Tod war immer eine fremde Sache. Die nichts zu tun
hatte mit mir. Noch nicht. Früher habe ich zwei oder drei
Stücke im Jahr geschrieben. Ich hatte eine Idee, habe Peymann das erzählt, und nach sechs Wochen war das Stück
fertig. Bei der Premiere hat Peymann mich immer nach
vorne gestoßen, dass ich mich verbeugen soll. Ein Stück
pro Jahr, das würde jetzt genügen.
*Lautsprecher: Die Garderobe bitte in die Maske gehen,
die Garderobe bitte in die Maske gehen.*
Wo war ich?

Was macht die Liebe?
Sie meinen Sex? Ich habe das Wort nicht gern. Überall
wird es herumgeschleudert, und mit der Sache, die es be-

schreibt, hat es nichts zu tun. Also, mit dem Sex, das ist vorbei. Darüber müssen wir uns nicht unterhalten. Ich hatte einen Onkel, der hat mit 92 Jahren ein Kind fabriziert. Wie er das geschafft hat, weiß ich nicht.

Geht es Ihnen nicht gut?
Ich habe zwei Ärzte, der eine ist Buddhist. Er gibt mir eine Spritze, und ich fühle mich besser. Der andere ist im Jüdischen Krankenhaus in der Reinickendorfer Straße. Ich war ja mit 23 in Berlin und habe in der Reinickendorfer Straße gewohnt bei Professor Schnitzler. Seine Frau hat immer abscheulich Klavier gespielt. Dort habe ich gewisse Sachen gelernt. Zum Beispiel Frühstück. Dieses deutsche Frühstück mit Schinken.

Was haben Sie gegen deutsches Frühstück?
Es schmeckt furchtbar!

Sie haben im Leben viele Rollen gespielt. In Berlin waren Sie Kellner, in Istanbul Reporter, in London Agent, in Hollywood Freund berühmter Damen, in New York Dramatiker, in Wien Theaterdirektor und ich weiß nicht, was noch alles. In welcher Rolle waren Sie am meisten Sie selbst?
Ich bin immer ich. In letzter Zeit denke ich oft an Hollywood. Aber ich denke nicht an mich, sondern an Leute, die ich kannte. Ich frage mich, war es so, war es nicht so? Es ist lange her.

Erinnern Sie sich an Ihre Frauen?
Viveca war eine merkwürdige Frau. *(Mit der Schauspielerin Viveca Lindfors war Tabori von 1954 bis 1972 ver-*

heiratet.) Wunderschön. Leider nicht sehr treu. Sie hatte drei Kinder von drei Männern. Die Kinder haben mich alle als Ersatzvater akzeptiert. Meine Tochter ist 54, eine große Verlegerin. Sie verlegt tolle Bücher. Nur meine Bücher will sie nicht verlegen. Mein Lieblingssohn war vor zwei Jahren verliebt. In eine Schauspielerin. Sie hat ihn verlassen, und er ist dick geworden. Er war vor kurzem hier. Ich habe ihn fast nicht erkannt.

Sie haben Ihre Lebensfäden häufig abgerissen und woanders wiederaufgenommen. Erkennen Sie sich selbst wieder, wenn Sie zurückdenken?
Ich denke an mich wie an jemanden, den ich kannte, der das und das machte. Ich habe so viel erlebt. Von Ungarn bin ich nach England gegangen, dann war ich Journalist in Sofia, in Istanbul war ich ein Jahr, in Jerusalem, Kairo, wieder in England, dann bin ich nach Hollywood gegangen, in New York war ich zwanzig Jahre. Manche Sachen sind mir sehr nahe. Das bin ich. Andere Sachen sind George Tabori. Zum Beispiel in Istanbul. Da musste ich so tun, als ob ich Selbstmord verübt hätte, mit Abschiedsbrief und allem. Warum erzähle ich das?

Sie erzählen von den Häuten, die Sie abgelegt haben.
Ja. Manches ist wie heute. Zum Beispiel Jerusalem. Wo war ich da? Ich sehe alles vor mir und könnte stundenlang davon erzählen. Aber ich weiß nicht mehr, wie das hieß.
ASSISTENT: Der englische Club!
Nein, das war in Istanbul.
ASSISTENT: Das Archäologische Institut!
Ja, das war ein herrliches rundes Gebäude. Dort hat man

mir erklärt, dass es die heiligen Orte des Christentums gar nicht gibt. Alles ist falsch. Ich war sehr gerne in Jerusalem. Aber war ich das? Sie sind vielleicht dreißig Jahre alt.

Nein, viel älter.
Sie sind dreißig Jahre alt. In sechzig Jahren werden Sie mich verstehen. Manches ist jemand anderem passiert. Manchmal weiß ich auch nicht mehr, was wirklich war und was ich erfunden habe. Istanbul war eigentlich mein Wendepunkt. Dort ist so viel los gewesen. Ich habe einen neuen Namen bekommen. Turner. Drei Jahre lang habe ich als Herr Turner gelebt.

Damals waren Sie ein begabter Schriftsteller. Sie haben tolle Romane geschrieben.
Na ja.

Was hat Sie zum Schreiben gebracht?
Das ist hundert Jahre her. Aber alle meine Texte erzählen eine Begegnung zwischen zwei Männern. Das ist mir erst jetzt klar. Das hat etwas mit meinem Leben zu tun.

In Ungarn haben Sie ungarisch geschrieben, in Amerika englisch, jetzt schreiben Sie deutsch.
Englisch habe ich verlernt, Ungarisch spreche ich nur noch mit meinem Hund. Aber auch das Deutsche verschwindet langsam.

Warum gaben Sie das Romanschreiben auf?
In meinem Leben war alles Zufall. Der Zufall regiert die Welt.

Oft erbärmlich schlecht.

Ich weiß nicht. Ich war in London mit einer Freundin. Wir wollten zusammen zurück nach New York. Wir haben uns gestritten. Auf dem Flughafen haben wir uns getrennt. Mir war elend zumute. Aber als ich im Flugzeug nach Berlin saß, fühlte ich mich toll. Ich habe in einem kleinen Zimmer gewohnt in der Akademie der Künste. Eine Art Badezimmer. Ich kannte niemanden. Nebenan wohnte Beckett. Ich wollte ihn kennenlernen. Aber er war immer schneller. Ich habe ihn nie gesehen. Beim Frühstück sah ich einen deutschen blonden Herrn mit seiner Frau, der hat geschimpft, furchtbar, jeden Morgen. Das war Claus Peymann. So kam ich nach Berlin. Das ist doch nicht schlecht.

Aber Ihre deutsche Bühnenkarriere begann mit Tränen.

Das habe ich nie verstanden. Ich bin aus New York nach Berlin gekommen, zur Weigel, und habe das beste Theater meines Lebens gesehen. Hier, in diesem Theater, das war damals nicht so sauber und nicht so schön wie heute, war damals ein Brecht-Kolloquium. Nach drei Wochen standen alle Gäste in alphabetischer Reihenfolge auf der Bühne. Alle haben einen Zettel rausgenommen und sich schön bedankt. Ich hatte auch einen kleinen Zettel. Ich stand am Mikrophon und schaute die Leute an. Die Weigel sagte, komm, sag etwas. Ich habe den Zettel zerrissen und geweint. Dann habe ich mich verbeugt und bin zurückgegangen. Später in New York habe ich mir gedacht, das war die Trauer, weil ich nie so schreiben würde, möchte wie Brecht. Aber ob das wahr ist, weiß ich nicht.

**Brecht stand für Sie als Türsteher vor dem Theaterpara-
dies ...**
Er saß auf dem Boden, als ich ihn das erste Mal in Amerika sah. Das war bei einer Party.
Lautsprecher: Es ist 18.40 Uhr.
Er hat eine stinkende Zigarre geraucht. Ich hab mich verbeugt. Seine Tochter, die Barbara, hat mich beschimpft, ein
giftiges Biest. Sie war ganz dünn und ungeheuer frech. Ich
dachte, Gott, ist die hübsch. Ich hätte sie gerne verführt.

**Sehr alte Geschichten. Stellen Sie sich vor, in zwanzig
Jahren liest irgendjemand, der in diesem Jahr geboren
wurde, unser Gespräch noch einmal. Was aus dem Jahrhundert, das Sie durchlebt haben, können Sie ihm mit-
geben?**
Lassen Sie mich drei Wochen nachdenken. Ich bin 1914
geboren. Ich dachte immer, das Jahrhundert, in dem ich
gelebt habe, war eines der schrecklichsten. Aber ich habe
es überlebt. Vor dem Zweiten Weltkrieg war das Mittagessen noch die Hauptmahlzeit. Alle waren da, die ganze
Familie. Damals habe ich beim Essen erzählt, man habe
mir in der Schule gesagt, dass alle Rumänen schwul seien.
Da hat mein Vater mir eine Ohrfeige gegeben. Die einzige
meines Lebens. Die könnte ich vielleicht weitergeben.

Und nichts über Deutschland?
Ich habe Hitler gesehen, im Januar 33. Er stand oben auf
einem Balkon in der Wilhelmstraße und sah sehr traurig
aus.

**Ihr Vater wurde in Auschwitz vergast. Doch nach dem
Holocaust ging es in Deutschland nur noch bergauf,**

Wirtschaftswachstum, Krankenkasse, Zweitwagen, Subventionstheater, eine einzige Erfolgsgeschichte.
Ja.

Und jetzt ist Schluss? Europa ist in der Krise.
Ja, es wird ganz schlimm werden. Europa wird bald nicht
mehr wichtig sein, Südkorea wird das literarische Zentrum, das beste Theater wird in der Bronx gespielt, das ist
alles möglich. Ich bin nie überrascht, wenn etwas Schlim-
mes passiert.

**Die sechziger Jahre waren für Sie die letzte romantische
Zeit.**
Das war New York. Die beste Stadt, in der ich je gelebt
habe. Ich wohnte in der 95. Straße. Ich habe zum ersten
Mal inszeniert. Jeden Morgen um 8.30 Uhr brachte ich
mein Kind zur Schule in die 89. Straße, da waren drei chi-
nesische Restaurants, der Zeitungshändler war ein Grie-
che, der Drugstore war deutsch. In New York war ich
eigentlich glücklich.

**Dann haben Sie Ihr Glück für das deutsche Theater auf-
gegeben?**
Ja. Ich habe in Berlin *Die Kannibalen* gemacht. Es hat mir
so gefallen. Ich musste bleiben. Viveca und die Kinder
blieben in New York. Wir haben uns getrennt.

Wegen des Theaters?
Ja.

Das Theater war so wichtig?
Ja.

Warum ausgerechnet in Deutschland?
Wo denn sonst! Nirgends auf der Welt hat es so viel Theater gegeben wie damals in Deutschland.
Lautsprecher: Bitte Ruhe, die Vorstellung beginnt.
Das deutsche Theater war das beste auf der Welt. Das ist vorbei. Ich lese jeden Morgen den *Tagesspiegel*. Es wird über alles geredet, über das Theater nicht mehr.

Ist das Theater an seinem Reichtum erstickt?
Am Fernsehen. Wenn ich jetzt gleich nach Hause gehe, trinke ich Kaffee und sehe fern. Auch wenn es blöd ist. Die Uschi sieht auch fern.

Das deutsche Subventionstheater ist ein Weltkultur-ereignis. So etwas kann nicht einfach verschwinden.
Vor zweieinhalbtausend Jahren gab es das alte griechische Theater. Fünfzig Jahre lang. Dann war es vorbei. Das rö-mische Theater war fabelhaft, fünfzig Jahre lang, dann Schluss. Die Franzosen, Molière und so weiter, toll, fünf-zig Jahre. Dann kamen die Engländer, Shakespeare. Dann kamen die Deutschen, Schiller, Kleist, Büchner, hundert Jahre hatten sie das beste Theater. Und was ist jetzt? Un-ser großer Chef macht ein Stück von Handke.

Die nächsten fünfzig Jahre verbringen wir vor der Glotze?
Ja. Seit ich wieder in Berlin bin, sehe ich fern. Was soll ich machen? Wir haben auch dreißig Fotoalben. Die sehe ich mir an. Wo wir überall waren! Das ist phantastisch. Ich sage, Uschi, wo war das? Ich kann mich nicht erinnern. Aber das ist mein Leben: dass ich an so vielen Orten war. So vielen.

Was wird aus dem Theater ohne Tabori?
Ich sehe Theater seit 75 Jahren. Nie habe ich zwei Mal
dasselbe im Theater gesehen. Sooft ich den *Nathan* gesehen habe, immer war es anders. Daran wird sich nichts
ändern. *König Lear* ist das beste Stück, das ich kenne.
Das werde ich vielleicht noch machen. Außerdem zwei
oder drei Stücke und meine Erinnerungen an die Kriegs-
jahre.

Sie haben das Gefühl, Sie haben Zeit?
(lacht) Na ja. Zola ist mitten im Satz gestorben.

**Sind Sie müde? Früher haben Sie oft gesagt, Sie seien
müde, seit Sie jung waren.**
Ich war immer müde. Das ist nicht schlimm. Jetzt bin ich
noch nicht müde, aber in einer halben Stunde werde ich
müde sein. Ich taumele nach Hause. Wie hat der große
ungarische Dichter Endre Ady gesagt? «Ich würde es
lieb haben, wenn man mich lieb haben würde.» Was ist
die Wahrheit, und was ist das Reale? Früher war das ein
großer Unterschied.

**Sie glauben an Kreisläufe. Ihr Leben hat in Budapest
begonnen. Seit einiger Zeit befinden Sie sich auf dem
Rückweg. Der Kreis müsste sich eigentlich in Budapest
schließen.**
Jedes Leben ist kreisartig, ja. Aber mein Kreis hat nichts
mit Ungarn zu tun, nichts mit London. Ich weiß nicht, wo
der Kreis ist. Alles, was ich für richtig und gut gehalten
habe, ist in den letzten Jahren in Frage gestellt worden.

Warum?
Warum-Fragen kann ich nie beantworten. Darum. Ich habe viele Fragen, die ich nicht beantworten kann. Und ich möchte sie beantworten.

Was zum Beispiel stellen Sie in Frage?
Mich. Hab ich recht? War es so, wie ich denke? Ist es so, wie ich glaube? Diese Fragen hätte ich mir mit siebzehn stellen sollen.

Sie haben sich früher nicht in Frage gestellt?
Ich habe die Fragen nicht wichtig genommen. Nicht wie jetzt.

Sie haben immer wieder gesagt, Sie hätten sehr viel luck in Ihrem Leben gehabt. Happiness gebe es sowieso nicht.
Warum sollte ich jetzt nicht glücklich sein? Uschi ist hier. Tee ist hier. Ich habe nachgedacht, wie Sie sein werden. Ich dachte, Sie wären viel strenger. Sie würden nur eine halbe Stunde mit mir sprechen. Ich bin erleichtert.

Haben Sie das Glück gesucht? Die vielen Länder, die vier Ehen. War das keine Suche nach noch mehr Glück?
Wie heißt der letzte Satz im *Hamlet*?
ASSISTENT: Der Rest ist Schweigen.
The rest is silence. Stille!

«Ich will ganz nah
an das fast nicht mehr Mögliche heran.»

FRIEDERIKE MAYRÖCKER

Es ist ein besonderer Augenblick, als ich im Dezember 2004, kurz vor Friederike Mayröckers 80. Geburtstag, in der Zentagasse in Wien auf die Klingel drücke. Jeder, der schon einmal von der großen Wiener Dichterin gehört hat, weiß um die sagenumwobene Schreibhöhle in der Zentagasse, in der sie seit den vierziger Jahren wie Hieronymus im Gehäuse lebt. Jetzt werde ich diese Zettelwelt endlich kennenlernen, in die sich Friederike Mayröcker eingesponnen hat, um darin ihre unvergleichlichen, in freien poetischen Assoziationsströmen dahinfließenden Prosabücher zu schreiben. Ohne diese Zettelberge, aus denen sie immer wieder neue Anregungen für ihr Schreiben herauszupft, kann sie nicht arbeiten und wohl auch nicht leben. Die Zettel enthalten Notizen, Geträumtes, Gesehenes, aber auch Exzerpiertes, Zeilen ihrer «Blutsbrüder» Beckett und Brecht, Max Ernst und Jean Paul, Friedrich Hölderlin und Arno Schmidt, Claude Simon und Marguerite Duras, Roland Barthes und André Breton, André Michaux und Jacques Derrida.

Ihre ursprüngliche Zweizimmerwohnung ist im Lauf der Jahre derartig verzettelt, dass sie darin nicht mehr wohnen kann. Deswegen ist Friederike Mayröcker nach dem Tod ihres Lebensgefährten Ernst Jandl in dessen

Dachwohnung im selben Haus gezogen (die beiden waren eines der glücklichsten Liebespaare der Literaturgeschichte, haben aber wie Claude und Réa Simon, Philippe und Ré Soupault, Jean-Paul Sartre und Simone de Beauvoir nie in einer gemeinsamen Wohnung gelebt). Auch hier ist die Verzettelung schon weit vorangeschritten.

Wir bahnen uns einen Weg durch die Papierstapel der ehemaligen Jandl-Wohnung zu einem winzigen freigeräumten Platz an einem der ebenfalls mit Papieren übersäten Tische. Hier hat die Autorin auf einer ausgebreiteten Serviette ein Glas Wasser und etwas Obst bereitgestellt. Das Schreibzimmer befindet sich im Nebenraum und enthält außer den Papierstapeln nur einen Campingtisch mit der Hermes Baby. An diesem Campingtisch entsteht beinahe Jahr für Jahr ein neues Buch.

Wie immer ist die große Mayröcker ganz in Schwarz, schwarze Hose, schwarze Jacke, schwarze Haare. Inmitten ihres weißen Zettelgebirges ist sie eine theatralische Erscheinung, deren Heftigkeit jedoch durch die Sanftmut und Freundlichkeit gemildert wird, mit der sie ihre Besucherin empfängt. Wir unterhalten uns mehrere Stunden, unterbrochen von einer Mittagspause. Das Gespräch strenge sie an, klagt sie. Sie lebe in großer Einsamkeit, könne nur selten Menschen sehen, denn nach Gesprächen wie diesem sei der Schreibfluss manchmal noch für Tage wie ausgelöscht. Es koste sie viel Zeit, um wieder in den magischen Schreibzustand, in das «Hirnfieber» des Schreibens zurückzufinden.

Auch nach diesem Besuch gab es einen nachträglichen Gruß: Vier Jahre später hat Friederike Mayröcker mir ihr Buch *Paloma* gewidmet.

**Über das Alter spricht man wie über einen großen Ver-
lust, Lebensverlust, Lebensrestzeitverlust, Verlust der
Lebenskräfte. Was heißt Alter für Sie?**
Ich kann nicht sagen, dass sich etwas verändert hat. Ich
fühle mich nicht alt. Und manchmal geht es sogar so weit,
dass ich wieder bloßfüßig in Deinzendorf herumlaufe als
Kind. Und das ist nicht die übliche Erinnerung der Erinnerung des alten Menschen, sondern die Kindheit. Es ist
das Gefühl, ich fange erst an. Manchmal denke ich, mein
Leben beginnt überhaupt erst.

**Heißt das, es gibt das Kind, einen Kern in einem selbst,
der sich nicht verändert?**
Das ist richtig.

**Gleichzeitig müssen doch die vielen Jahresringe, die man
ansetzt, eine Veränderung bewirken. Was haben die Jahre
mit Ihnen gemacht?**
Die Jahre sind einfach vergangen. Und man weiß eben
nicht, wie. Ein Jahr vergeht so rasch. Dieses Jahr ist vorüber, dann ist das nächste Jahr vorüber. Und man denkt
sich dann: Wie lange wird es noch gehen? Aber ich denke
nicht viel an die Vergangenheit. Ich denke an eine Mi-
schung von Gegenwart und Zukunft. Ich habe noch sehr
viel vor.

**Wenn Sie im Kern das ewige Kind sind, gibt es dann über-
haupt Lebensepochen?**
Da muss ich mich anstrengen, um Lebensepochen herauszufinden. Eine Epoche ist die, seit Ernst Jandl tot ist. Das
ist eine Epoche, die mir sehr viel Traurigkeit gebracht hat
und noch immer bringt. Das ist eine neue Art des Gefühls

von Verlassenheit und eigentlich von Im-Stich-gelassen-Sein, was vielleicht hart klingt. Ich ertappe mich immer wieder dabei, dass ich ihn auffordere: Komm und hilf.

Und kommt er?
Nein, nicht immer.

Gibt es so etwas wie eine Restkommunikation über den Tod hinaus?
Ja, vielleicht gibt es etwas wie eine Restkommunikation, am ehesten beim Schreiben. Wenn ich Dinge suche, und ich suche ja fast den halben Tag, dann sage ich: Wenn du wirklich irgendwo bist, dann muss ich das jetzt mit deiner Hilfe finden. Und manchmal finde ich es dann auch.

Sie leben beinahe Ihr ganzes Leben schon in einem Zettelgehäuse, in einem Zettelberg hier in der Zentagasse, den Sie sich selbst gebaut und nur selten verlassen haben. War das Leben im Zettelgehäuse ein Versuch, das Leben anzuhalten wie in einem endlosen Augenblick?
Ein endloser Augenblick, das stimmt. Das ist die Beschreibung meines Lebens. Ein endloser Augenblick.

Und Ihr Papiergehäuse, dieses Papierkunstwerk, das Sie um sich geschaffen haben, welchen Sinn erfüllt es dabei?
Das hat sich ergeben durch die Art des Schreibens. Hier, in Ernst Jandls alter Wohnung, in die ich nach seinem Tod gezogen bin, habe ich Inseln der Ordnung. Unten, in der alten Wohnung, gab es das nicht. Es gibt einen Korb, in dem sind Zettel für neue Gedichte. In diesem Korb suche ich herum und finde vielleicht einen Anfang für ein Gedicht. Sonst ist in meinem Schreibkammerl alles sehr

verstreut. Da kommt es darauf an, dass ich wie bei einem Lotteriespiel Zettel herausziehe, die mir vielleicht etwas sagen. Das sind vielleicht Traumfetzen. Ich träume in der Nacht immer in Sätzen und in Wörtern. Ich wache dann mitten in der Nacht auf und mache Notizen, weil ich mich am Morgen an nichts mehr erinnern kann.

Die Zettel sind eine Wundertüte? Sie wissen selbst nicht, was da überall draufsteht?
Nein, ich weiß es nicht, manchmal habe ich die Zettel auch schon verwendet.

Befürchten Sie nicht, unter diesen ständig wachsenden Papierbergen selbst zu verschwinden?
Nein, dazu sind sie mir zu vertraut, auch wenn ich nicht weiß, was in diesen Haufen ist.

Alles wäre viel übersichtlicher, wenn Sie Hefte oder Ordner verwendet hätten.
Nein, es mussten fliegende Blätter sein.

Wann hat dieser Rückzug in das Zettelgehäuse begonnen?
Als ich jung war und in der Schule unterrichtet habe, hat es schon angefangen. Vormittags war ich in der Schule, mittags habe ich bei meinen Eltern gegessen, dann bin ich hierher in die Zentagasse in meine alte Wohnung gekommen, habe sofort angefangen zu arbeiten, schon in den Freistunden und in der Straßenbahn habe ich ja ununterbrochen geschrieben. Abends musste ich mich auf den nächsten Schultag vorbereiten. Sonst gab es gar nichts. An der Wiener Gruppe konnte ich nicht teilnehmen. Das hat

sich ja alles nachts abgespielt. Dann, nach meiner Früh-
pensionierung 1969, war der Rückzug total.

**Ein Leben wie eine mittelalterliche Nonne in ihrer Klos-
terzelle. Haben Sie sich vor der Welt draußen geekelt?
Der Weltekel ist ja unter österreichischen Künstlern sehr
verbreitet.**
Nein, ich habe mich nie vor der Welt geekelt. Das Draußen habe ich immer in meine Gedichte aufgenommen, besonders in den letzten Jahren sind meine Gedichte sehr
welthaltig. Ich gehe auch viel raus. Ich habe das Gefühl,
ich atme die ganze Welt ein. Und sie ist dann in mir drin.
Mir ist sehr wichtig, mit großen Augen zu schauen, was
die Welt mir bringt. Ansonsten bin ich furchtbar scheu
und habe die Kommunikation mit den Menschen schon
fast verloren. Ich fürchte mich, wenn ich mich nach außen
stülpen muss, ja, es ist wirklich ein Nach-außen-Stülpen.

**Hatten Sie eigentlich immer dieselbe Frisur? Alle Fotos
zeigen Sie mit diesen kohlrabenschwarzen Haaren, die
Sie wie ein Schleier bedecken.**
Die Frisur hatte ich schon als Kind. Ich fühle mich geborgen unter dieser Frisur.

**Gab es nie eine Zeit, in der Sie auch daran gedacht haben,
ein herkömmliches Frauenleben zu führen, mit Familie
und Kindern?**
Es war von Anfang an klar, dass ich das nicht will. Schon
als Mädchen habe ich das gewusst. Als junge Frau war
ich schon sehr empfänglich für alle erotischen Dinge, ich
habe mich tausendmal verliebt. Es war alles da. Aber mit
dem Beginn des richtigen Schreibens, das heißt mit dem

Erscheinen von *Tod durch Musen*, wollten Ernst und ich aufs Ganze gehen.

Für uns Normalmenschen sind die Wonnen des gewöhnlichen Lebens auch ein Schutz vor einer Lebensradikalität, die schwer zu ertragen ist.
Wir haben ein paar Wochen lang versucht, das kleine Glück zu leben. Hier unten, in meiner winzigen Wohnung. Das war so fürchterlich für den Ernst. Da hat er sich ein Untermietzimmer genommen. Wir hatten für uns selbst einfach keinen Platz. Das war nicht auszuhalten. Trotz großer Liebe war das nicht auszuhalten.

Dann haben Sie über vierzig Jahre getrennt gelebt. Eine Liebe zwischen zwei Einsiedlern.
Wenn er jetzt noch da wäre, würde ich gerne in einer großen gemeinsamen Wohnung mit ihm leben. Das wäre vielleicht schön. Nur hätten wir dann den Abschied noch vor uns.

Also doch ein wenig Reue?
Nein, es war gut, dass ich es so gemacht habe. Vielleicht war ja der Hauptgrund, dass wir so lange zusammengeblieben sind, dass jeder woanders gelebt hat. In den Sommern, die wir gemeinsam auf dem Land verbracht haben, war ich so sehr mit den Gedanken bei ihm, dass ich nicht schreiben wollte. Momentweise denke ich, dass ich vielleicht etwas im Leben verpasst habe. Ich habe auch das Gefühl, zu wenig für Ernst da gewesen zu sein. Ich bin ja immer erst am Abend zu ihm gekommen. Aber ich war ja auch nicht praktischer als er. Ich kann nicht kochen. Ich stelle mich manchmal an wie ein Wickelkind.

Ernst Jandl und Sie sind vielleicht die einzige geglückte Dichterliebe der Literaturgeschichte, denkt man an die Tragödie zwischen Frisch und Bachmann und die eher lieblose Groteske zwischen Sartre und Beauvoir.

Ernst Jandl war so ein offener Mensch. Er konnte mir die ärgsten Grobheiten sagen, und ich war glücklich darüber, weil ich wusste, das kommt von innen. Er hat mich nie angelogen. Er hat alles gesagt, was in ihm vorgegangen ist. Und trotzdem war er für mich ein großes Geheimnis. Das hat mich so an ihm fasziniert. Mit ihm konnte mir nie eine Sekunde langweilig werden. Wir haben alles ausgetauscht. Ernst hat mir alles sofort vorgelesen und hat mich aufgefordert zu kritisieren. Aber ich konnte nicht kritisieren, die Sachen waren alle so gut.

Was Sie im Schreiben versucht haben, die radikale Transzendierung des Lebensvordergrunds, macht Ihnen so wunderbar beinahe niemand nach. Wann und wie hat sich dieses «Denkflattern», die «Schädelfreude», das «Gehirnwunder», wie Sie es nennen, in Ihren Texten eingestellt?

In den frühen sechziger Jahren hatte ich das Gefühl, ich kann so nicht mehr weiterschreiben wie in den Fünfzigern. Ich habe der Alltagssprache zunächst vertraut und mich ganz auf das Emotionale verlassen. Aber das war mir plötzlich zuwider. Ich hatte das Gefühl, ich will zu viel, und das geht alles nicht in die alten Muster hinein. Es war ein Protest in mir, ein Protest gegen meine eigene Sprache. Ich habe dann zum ersten Mal die Montagetechniken versucht, und das hat mir einen ungeheuren Sprung nach vorne ermöglicht. Im Rückblick muss ich sagen, das waren krude Montagen, ich habe buchstäblich alles montiert. Straßenaufschriften, Gespräche, Briefe, Bücher. Das war der Anfang der experimentellen Literatur. Mir konnte nichts experimentell genug sein. Ernst hat zur selben Zeit mit den Lautgedichten begonnen.

Sie haben gegen Ihre eigene Sprache revoltiert, gegen die Sprache, in die Sie als Kind in Kriegszeiten hineingewachsen sind?
Ich habe als Kind in einer ungeheuren Phantasiewelt gelebt. Unten waren die Russen mit ihrer Gulaschkanone, und ich habe oben Klimt studiert. Ich habe mich überhaupt nicht darum geschert, wer unten in der Straße erschossen wird. Ich verstehe das heute nicht mehr.

Die Außenwelt war Ihnen gleichgültig?
Damals war mir die Außenwelt gleichgültig, jetzt ist sie mir ganz wichtig.

Auf dem Weg, den Sie damals eingeschlagen haben, liegt sehr viel Unbekanntes, auch Unbegreifliches. Konventionen gibt es ja unter anderem deshalb, weil sie Schutz bieten vor der Unbegreiflichkeit des Lebens, seiner tiefen Unverständlichkeit. Die unendlichen Räume, die sich auftun, sobald man die Stellagen unserer Alltagswirklichkeit entfernt, haben schon Pascal erschaudern lassen. Kennen Sie diese Angst?
Ich habe sie manchmal, dann auch wieder nicht. Aber meine Wut ist immer größer als die Angst. Meine Schreibwut. Ich habe keine Angst vor der Leere, auch nicht vor dem weißen Blatt Papier, weil ich ja rundherum meine Sachen habe. Im Augenblick bin ich zum Beispiel abhängig und angeregt von Maria Callas, ich spiele immer dieselben

Stücke. Als ich *Brütt* geschrieben habe, war es eine bestimmte Bach-Kantate. Die Musik hilft mir sehr. Sie reißt mir das Herz auf. Jeden Tag aufs Neue, ich kann es gar nicht begreifen.

Wo sind Sie, wenn Sie schreiben?
Es ist ein total anderer Zustand, es ist fast, wie wenn ich eine Droge nehmen würde. Ich trinke aber weder Alkohol, noch rauche ich. Es ist ein magischer Zustand. Ich rede nicht gerne darüber. Ich empfinde es beinahe als Verrat, darüber zu sprechen. Es ist auch für mich ein Geheimnis. Und wenn ich zu viel darüber spreche, kann ich nicht mehr schreiben. Das Geheimnis verflüchtigt sich. Man sollte nicht darüber nachdenken. Es kommt, oder es kommt nicht. Und meistens kommt es.

Und wenn es nicht kommt?
Wenn ich ein, zwei Tage nicht schreiben kann, bin ich verzweifelt und fürchte, es ist aus. Dann, durch irgendetwas, einen Brief, häufig durch Lektüre, komme ich wieder hinein. Jacques Derrida hat mich sehr angeregt mit seinen literarischen Texten. Beckett hat mich sehr geprägt. Roland Barthes hat es mir angetan. Claude Simon, Marguerite Duras und Georges Bataille, besonders sein Roman *Das Blau des Himmels*. Das schreibe ich mir alles heraus. Wo ich nichts exzerpieren kann, lese ich auch nichts. Wie eine Lumpensammlerin notiere ich Sätze und Wörter, die ich oft auch völlig überarbeite.

Sind es denn Sie, ist es Ihr Ich, das da schreibt?
Das Ich ist beteiligt, wenn ich die Reinschrift mache aus der ersten, zweiten oder dritten Version. Die erste Ver-

sion ist ganz intuitiv, die zweite auch noch, ab der dritten, vierten kommt die eiserne Faust, die Ratio, dann wird alles Emotionale, das übergeschwappt ist, niedergeboxt.

Haben Sie manchmal das Gefühl, dass Ihnen etwas eingesagt wird? Julien Green zum Beispiel war davon überzeugt, ihm seien seine Bücher diktiert worden.
Manchmal hatte ich das Gefühl. Manchmal dachte ich auch, der Ernst sagt mir etwas ein. Aber davon bin ich wieder abgekommen. Manchmal sage ich, es ist der Heilige Geist, der mich treibt.

Eine göttliche Kraft?
Es ist ein Geist, und ein Geist ist natürlich göttlich.

Das hieße, dass das Schreiben eine andere Art des Gottesdienstes ist?
Vielleicht ja. Es ist eine hohe Konzentration auf etwas Spirituelles. Eine Art Sehnsucht. Man möchte es näher heranziehen. In jedem Fall ist das Schreiben eine Anstrengung und eine Loslösung von der äußeren Welt. Dennoch, mit automatischem Schreiben, wie die Surrealisten es versucht haben, hat das nichts zu tun. Ich habe ja immer meine Zettel um mich herum. Sonst hätte ich nur das Gefühl des Highseins, ohne Fleisch zu haben.

Und woher beziehen Sie dieses Fleisch?
Es sind Verbaleinfälle von der Straße, Verlesungen, Verhörungen, Stenogramme, die ich nicht mehr lesen kann und verändere, Traumreste, Gelesenes, die Malerei, ich stülpe mir Bilder in den Kopf. Ich schreibe sehr gerne über Bilder für Museumskataloge, wozu ich viel zu sel-

ten Gelegenheit habe. Ich bin immer auf Materialsuche. Wenn mich etwas anspringt, ist es immer eine große Beglückung.

Mir fällt es schwer, den Eigencharakter jedes Ihrer Bücher zu erkennen. Ich habe viel mehr den Eindruck, Ihr ganzes Prosawerk wäre ein zusammenhängendes poetisches Tagebuch Ihrer Existenz.
Für mich ist jedes Buch abgeschlossen. Aber sobald es abgeschlossen ist, habe ich auch schon eine furchtbare Sehnsucht danach, weiterzuschreiben. Ich habe Heimweh nach dem Buch. Irgendwo habe ich einmal geschrieben: «Ich sehne mich nach meinen ungeschriebenen Werken.»

Warum erklären Sie Ihre Bücher dennoch irgendwann für abgeschlossen?
Einfach, weil ich nicht mehr kann. Ich muss unterbrechen. Man kann meine Bücher als ein einziges Buch lesen, obwohl sie sich auch voneinander unterscheiden. Das neue Buch, das ich gerade beendet habe, hat keine Verwandtschaft mehr mit den vorhergehenden. Es ist entstanden, weil ich zufällig das Buch von Gertrude Stein über Pablo Picasso gelesen habe, und das hat mich so gefesselt, dass ich alles drei-, vier-, fünfmal von ihr gelesen habe. Gertrude Stein ist mein neuer Stern. Mein neues Buch heißt *und ich schüttelte einen Liebling* und kommt ganz von woanders her.

Kann man sagen, dass Ihre Bücher immer radikaler wurden, vielleicht bis zu diesem letzten, ganz anderen Buch?
Der Höhepunkt war *Brütt*, mein zuletzt erschienenes Prosabuch. Da hatte ich eine völlige Rücksichtslosigkeit

gegen mich und die literarische Welt. So etwas werde ich nicht noch einmal schreiben können. Ich möchte es gerne noch einmal vor meinem Abschied. Ein Buch schreiben, das das letzte Ganze gibt! Einmal noch so ein Buch, das überhaupt auf nichts Rücksicht nimmt!

Worauf haben Sie denn sonst Rücksicht genommen?
Das kann man vielleicht so ausdrücken: Schönheit ist Wahrheit. Das war meine erste Vorstellung. So habe ich geschrieben. Jetzt, im Alter, habe ich den Satz umgedreht: Wahrheit ist Schönheit. Ich will ganz nah an das fast nicht mehr Mögliche heran, das ist dann Schönheit. Ich weiß nicht, ob ich das noch einmal schaffe. Im Grunde ist doch immer alles ein Geschenk.

Heißt das, es gibt wahre und weniger wahre Literatur, authentische und weniger authentische?
Ja, so ist es. Indem man die Sprache des Dichters begreift, öffnet sich auch das Authentische. Wenn man sich verschließt, erfährt man das nicht. Meine Bücher sind authentisch, weil sie ein lebendiger Kosmos sind.

Ihre Wiener Kollegin, die Nobelpreisträgerin Elfriede Jelinek, macht Furore mit der Behauptung, es gebe auf der Welt nichts Authentisches mehr. Deswegen müsse sie beim Schreiben auch immer kotzen.
Elfriede Jelinek hat einen anderen Lebensweg, eine andere Familie. Sie ist mir ein Rätsel. Sie schreibt ja sehr gut, ich lese ihre Sachen gerne, sie hat einen guten Zugang zur Sprache. Aber es ist nicht wahr, dass die Sprache kaputt ist. Die Sprache ist nicht kaputt, die ist ganz lebendig.

Viele junge Autoren und Essayisten halten dagegen, die Sprache sei kaputt, weil wir keine echten Erfahrungen mehr machen können. Wir leben nur ein Schein-Leben und machen Schein-Erfahrungen, die uns nicht berühren. Es sei völlig unmöglich, heute noch authentische Erfahrungen zu machen.

Warum soll es nicht möglich sein, Erfahrungen zu machen? Ich mache doch tagtäglich Erfahrungen. Die Welt ist so reich, und ich bin so ungeheuer neugierig auf die Welt. Da bin ich vielleicht anders als die, von denen Sie sprechen. Ich möchte so gerne noch ein bisschen leben, weil ich hinter manche Dinge noch kommen will. Man muss die kleinen Dinge anschauen. Wie einer schaut, warum er den Hut in der Hand hält. Wenn ich durch die Straßen gehe, begegnen mir immer wieder Menschen, mit denen ich so ein Mitgefühl empfinde, dass ich auf sie zugehen und ihnen helfen möchte. Dieses Verschämte, dieses Sichbloßstellen vor der Welt! Das berührt mich so, dass ich auf der Straße heulen könnte.

Könnten Sie denn helfen?
Ich weiß nicht. Es sind so viele Menschen herausgetreten aus der Möglichkeit, überhaupt an etwas anderes als an die Realität zu glauben. Es sind so viele Menschen verarmt.

Sie haben Ihr Leben in Wien verbracht. In Wien gab es im vorigen Jahrhundert eine weibliche Sprachmacht, Aichinger, Bachmann, Jelinek, Mayröcker, wie nie zuvor in der deutschsprachigen Literatur. Verdankt sich das noch der alten Habsburger Kulturhauptstadt? Ich finde, dass es in der deutschsprachigen Literatur bis heute ein Habsburger-Deutsch und ein Preußisch-Deutsch gibt.

Ich habe mich nie für Austriazismen interessiert. Dennoch kann ich nur in Wien schreiben, nirgends sonst. Nicht mal in einem anderen Wiener Bezirk. Könnte ich die Zeit noch einmal vierzig, fünfzig Jahre zurückschrauben, würde ich es vielleicht wagen, in den achten Bezirk zu ziehen. Aber das ist schon alles. Ich muss hier ausharren.

Wien hat eine ausgeprägte Leidenskultur.
Ich bin zwar oft melancholisch, aber ich bin gerne da. Ich freue mich jeden Morgen, dass ich wieder aufwache.

Hans Arp hat einmal geschrieben: «Einstmals war der Sinn des Lebens, sich auf den Tod vorzubereiten.» Haben Sie sich vorbereitet?
Ich hasse den Tod. Ich weiß, dass ich knapp vor diesem Tor stehe. Mit achtzig muss man immer damit rechnen. Das ist eine so furchtbare Vorstellung. Ich kann es mit nichts vergleichen, eine strangulierende Vorstellung. Bald wird man nicht mehr alles erfahren können, was man gerne noch erfahren möchte. Wohin kommt das alles, was man gedacht hat? Was man empfunden und gemacht hat? Und auch der Gedanke, dass die Welt weitergeht. Wenn ich tot bin, geht die Welt genauso weiter wie an den Tagen, wo ich noch lebte. Das ist eine Unbegreiflichkeit. Eine Benachteiligung! Man möchte doch erfahren, wie es weitergeht. Und man wird abgeschnitten davon und weiß nicht, ob es weitergeht, wie es weitergeht. Es ist einfach aus.

Einfach aus?
Nach dem Tod von Ernst Jandl habe ich ein Medium befragt. Dieses Medium hat gesagt, Ernst Jandl sei gut auf-

gehoben. Aber dann bin ich skeptisch geworden, als er in dem Gespräch mit dem Medium angeblich Friederike zu mir gesagt haben soll. Er hat nie Friederike zu mir gesagt. Das Medium wollte mich nur trösten. Die Wahrheit ist: Er ist weg, ganz weg. Und wir haben uns nicht einmal verabschieden können, es ging alles zu schnell. Ich hoffe, dass ich nicht von einem Augenblick zum anderen sterbe. Ich möchte mich auf das Sterben vorbereiten. Mit meinen liebsten Menschen sprechen. Aber ob einem das vergönnt ist, weiß man nicht. Man müsste wenigstens zweihundert Jahre alt werden. Manche Pflanzen werden so alt.

Nach zweihundert Jahren hätte sich das Leben erfüllt?
Ja. Man braucht so viel Zeit. Ich würde das Leben aufteilen. In einem Leben würde ich nur lesen, in einem nur schreiben und in einem nur reisen. Dann brauchte ich noch eines, um mehrere Sprachen zu erlernen. Vielleicht wird man das in ein paar hundert Jahren können, vielleicht werden die Menschen sogar unsterblich. Das würde ich mir wünschen. Man könnte sich alles so schön einteilen.

Gibt es etwas, das sich in Ihrem Leben noch nicht erfüllt hat?
Es hat sich eigentlich alles erfüllt.

«Ich glaube eher an Bäume als an Gott.»

SARAH KIRSCH

Im Frühjahr 2005 lade ich in Hamburg die junge Berliner Lyrikerin Marion Poschmann in meinen alten Saab und gondele mit ihr über verregnete Landstraßen gen Norden zur alten Schule hinterm Deich in Tielenhemme, wo die Dichterin Sarah Kirsch seit vielen Jahren lebt. Sie hat sich nach ihrer Ausreise aus der DDR 1977 und einigen Jahren in Westberlin 1983 in diese raue norddeutsche Weite geflüchtet. Die Kirsch-Leser kennen das windumtoste Haus und seine Küche, in der die Dichterin morgens um sechs ihren ersten «Koffie» trinkt: «Das Haus ist aus gelben Steinen gebaut, aus seinem obersten Fenster kannst du über den Fluss nach Osten sehen. Im Parterre hast du den Deich vor der Nase. Oder den verwilderten Garten. Und vom Küchenfenster die Eselswiese.»

Mit *Irrstern* fing es im Jahr 1986 an. Nachdem Sarah Kirsch das abgelegene Schreibrevier ihrer zweiten Lebenshälfte bezogen hat, begann sie einen Tagebuch-Zyklus, in dem sie von den einsamen Tagen und Nächten unterm schwarzblauen Himmel des Nordens erzählte. Drei Jahrzehnte lang hat sie in ihrer schnodderig-feierlichen Prosa – die Literaturkritik spricht in ihrer Verlegenheit, für die Kunstsprache der Kirsch einen passenden Begriff zu finden, vom «Sarah-Sound» – die Windstärken, die

Küstenniederschläge und die Grasmückengesänge ihrer
Wahlheimat unermüdlich besungen.

Tielenhemme ist 10 Kilometer lang, hat 150 Einwohner
und nur eine Straße. Die Schafe und der Esel, von denen
in den Prosabänden viel Aufhebens gemacht wurde, gibt
es bei unserem Besuch nicht mehr. Auch der Komponist
Wolfgang von Schweinitz, in den Tagebüchern meist der
«Tonsetzer» genannt, und Sohn Moritz leben nicht mehr
hier. Sarah Kirsch ist mit ihren Katzen allein.

Zur Einstimmung habe ich schon vor Wochen die
Gedichtbände von Marion Poschmann ins Schulhaus geschickt. Jetzt soll sich, so die Hoffnung, aus der Konfron-
tation zwischen der alten und der jungen Naturlyrikerin
ein Gespräch über das Handwerk des Lebens und Schreibens entzünden. Wir sitzen zu dritt für einige Stunden
einträchtig am Holztisch in der Wohnküche, einzig von
den launischen Katzen unterbrochen.

Am Abend drehen wir noch eine Runde im Reich der
Dichterin, besichtigen Haus und Garten und das Arbeitszimmer mit der großen Lyrikbibliothek und dem Blick in
die blaue Ferne. Zum Schluss öffnet Sarah Kirsch einen
Bauernschrank, dessen untere Lade über und über mit
Wollsocken in den phantastischsten Mustern und Farben
gefüllt ist. In der Einsamkeit der Landwinter ist Sarah
Kirsch dem Stricken verfallen, beraten und angeleitet
von den Strickkünstlerinnen unter den Bauersfrauen. Mit
neuen Socken an den Füßen nehmen wir Abschied.

Wir haben uns nicht wiedergesehen. Sarah Kirsch
blieb bis zu ihrem Lebensende die Einsiedlerin, die sie seit
langem war. Anders als die meisten männlichen Schrift-
stellerkollegen ihrer Generation, die bis ins hohe Alter in
die Öffentlichkeit drängen oder sich wie Günter Grass

gar zu Lebzeiten ein eigenes Museum einrichten, suchen die drei großen Dichterinnen Ilse Aichinger, Friederike Mayröcker und Sarah Kirsch den größtmöglichen Rückzug vor der Welt – in die Dunkelheit eines Kinosaales, in das Innere eines Zettelgebirges, in die Landeinsamkeit hinterm Deich. Acht Jahre nach unserem Gespräch ist Sarah Kirsch im Krankenhaus von Heide im Alter von 78 Jahren gestorben.

Wie wird man eigentlich Dichterin?
SARAH KIRSCH: Ich hatte als Kind im Krieg wenig Spielzeug. Aber meine Mutter hatte eine riesige Knopfsammlung. Da gab es die schönsten Perlmuttknöpfe, ach, das waren Wahnsinnsknöpfe, damit habe ich gespielt. In dieser Sammlung gab es einen Dichterknopf, die Löcher waren die Augen. So hat das angefangen.
MARION POSCHMANN: Ich wollte schon als Kind Schriftstellerin werden, ich habe immer in der Literatur gelebt. Lange Zeit habe ich heimlich geschrieben. Aber plötzlich hatte ich das Gefühl, dies ist jetzt das erste eigene Gedicht, jetzt wird es ernst.
KIRSCH: Als ich vierzehn war, habe ich meine ersten Gedichte in Schulhefte geschrieben. Dann habe ich versucht, einen Roman zu schreiben, aber ich hatte ja viel zu wenig erlebt, um einen Roman zu schreiben.

Spielt für die Lyrik das Erleben eine geringere Rolle?
KIRSCH: Da kann man sich von allen Seiten bedienen.

Wie war Ihr erstes Gedicht?
KIRSCH: Das waren so nachempfundene Goethe-Gedich-

te. Die habe ich bei uns zu Hause im Garten geschrieben. Meine Gedichte hatten immer schon mit Landschaft zu tun. «Auf einem Berg bin ich gestanden / hab' geschaut ins tiefe Tal». So fing eines an. Am Anfang ist es ganz gut, wenn man etwas nachmachen kann.

Woher kommen die Themen?
KIRSCH: Seit ich zehn bin, weiß ich, dass ich in einer schönen Landschaft wohnen muss.

Hat Ihnen die Natur in der Kindheit gefehlt?
KIRSCH: Nein, in Halberstadt war eigentlich alles da. Ein großer Garten, Felder zum Spielen, das Harzvorland. Aber ich wollte noch mehr.

Warum?
KIRSCH: Das ist mir eingeboren. Kommt aber auch von der Mutter. Die gehörte zur Wandervogelbewegung und las meistens fünf Bücher auf einmal. Sieh mal, wie schön dieser Satz geschrieben ist, so was hat sie immer gesagt.

Brauchen Sie, Frau Poschmann, Themen, um Gedichte zu schreiben, oder ist das Thema eines Gedichts für junge Lyriker eher eine Nebensächlichkeit?
POSCHMANN: Themen sind wichtig. Ich arbeite im Moment verschiedene Themenfelder ab. In meinem letzten Gedichtband *Grund zu Schafen* gibt es viele Naturbilder. Dafür habe ich mich mit der Geschichte der Naturlyrik auseinandergesetzt. Habe Lehmann gelesen, Huchel, Bobrowski. Aber auch Biologiebücher. Eines hat mich besonders fasziniert, das hieß *Böden in Stadtgebieten* und handelte von Lebewesen in zivilisatorischen Randgebieten, zum Beispiel unter Autobahnbrücken, auf Friedhöfen.

Diese Studien treiben Sie, weil Sie dem Augenschein allein nicht trauen. Welche Rolle spielt das eigene Erlebnis überhaupt noch?

POSCHMANN: Ich schreibe keine Erlebnislyrik. Die Naturgedichte, die ich geschrieben habe, habe ich in Berlin neben einer Großbaustelle geschrieben, beim Lärm von Presslufthämmern.

KIRSCH: Aber ich habe bei Ihren Gedichten doch das Gefühl, dass es sich nicht um irgendwelche, sondern um ganz bestimmte Bäume handelt.

POSCHMANN: Das sind innere Bilder.

Ihre Bäume, Frau Kirsch, stehen hier rings um dieses alte Schulhaus.

KIRSCH: Bei mir ist alles direkter. Ich gehe irgendwohin und grase dort alles ab. So war es schon in meinem ersten Gedichtband *Landaufenthalt*. Es sind optische Eindrücke, die bei mir etwas auslösen. Ich sehe etwas und will haargenau bedenken können, wie es aussah. Wie der Eindruck war. Was ich empfunden habe. Wie der Klang des Windes war. Wie diese Farbe. Es gibt eigentlich immer nur eine richtige Lösung, wie im Kreuzworträtsel, der muss ich so nah wie möglich kommen. Das kann mich tagelang beschäftigen, das ist eine Sucht.

Ihren Gedichten geht unbedingt die Erfahrung voraus. Ist man als Dichterin ständig auf der Jagd nach möglichst tiefen, möglichst reichhaltigen Erfahrungen?

KIRSCH: Man muss sehr offen sein. Ich habe aber auch immer sehr viel gelesen, ich habe hier eine riesige Lyriksammlung, eine ganze Wand voll.

Obwohl Sie beide so unterschiedlich vorgehen, könnte ich doch behaupten, hier mit zwei der bedeutendsten lebenden deutschen Naturlyrikerinnen an einem Tisch zu sitzen.

KIRSCH: Ich schreibe keine Naturlyrik.

POSCHMANN: Natur muss man erst einmal definieren.

KIRSCH: Vielleicht ist Naturlyrik, wenn man sich selber als ein Stück Natur betrachtet. Bäume und Wolken drücken auch Seelenzustände aus. Das hängt doch alles sehr eng zusammen. Wenn man glücklich ist, so richtig glücklich, dann sieht man das Schöne. Wenn ich hier plötzlich im Auto vor einem knallblauen Himmel zwei Schwäne fliegen sehe, bin ich so glücklich, weil das so schön ist, dass es mir scheißegal ist, wo ich hinfahre.

Das größte Glück auf Erden ist die Harmonie zwischen äußerer und innerer Natur?

KIRSCH: Man muss das Schöne sehen können.

In der jüngeren Gegenwartsliteratur und auf den Berliner Großbaustellen spielt der Einklang zwischen innerer und äußerer Natur keine sehr bedeutende Rolle.

POSCHMANN: Nein, von Harmonie kann ich nicht reden. Ich gehe anders vor. Mir steht die Natur gegenüber, und ich versuche, etwas zusammenzufügen. Ich sehe eher die Problematik, wie das Ich sich zur Natur verhält. Der Naturlyrik ist ja immer der Vorwurf gemacht worden, dass sich da einer in die Idylle zurückzieht und die Zivilisation einfach ausblendet.

KIRSCH: Aber in der Stadt lebt man doch heutzutage viel idyllischer! Ihr wisst doch gar nicht, wohin eure Abwässer gehen! Ich weiß, die gehen hier in den nächsten Graben. Von einer Idylle kann man auf dem Land nicht reden.

Das grenzenlose Glück über die fliegenden Schwäne stünde bei Ihnen, Frau Poschmann, unter Verdacht?

POSCHMANN: Nein. Ich wünsche mir auch, dass das Ich und die Natur ineinander übergehen, dass ihre Entgegensetzung aufhört. Aber ich kenne auch die vernunftmäßige Distanz, die es macht, dass man von seinen Naturerlebnissen wieder abrückt. Die Einfühlung und der Bruch mit der Einfühlung gehören zusammen.

Die Gedichte Sarah Kirschs gehen immer vom lyrischen Ich aus, direkt oder indirekt. Bei Ihnen, Frau Poschmann, ist es, von wenigen Ausnahmen abgesehen, immer ein anonymes «Wir», das spricht. Ist das der Bruch, von dem Sie sprechen? Die Distanz, die Sie zu Ihren eigenen Empfindungen herstellen?

KIRSCH: Ich habe in der DDR gelernt: «Ich sagt man nicht.» Das Ich gibt man auf. Man ist «man» oder «wir». In meinen *Zaubersprüchen* gibt es ein Gedicht, das heißt *Ich*, «meine Haarspitzen schwimmen im Rotwein» und so weiter. Das war für DDR-Verhältnisse ganz tüchtig. Wir mussten doch immer etwas Allgemeines schreiben. «Wir freuen uns auf den Wind von morgen.» So was hat Rainer Kirsch gedichtet. Das Ich-Sagen war mein Glück.

POSCHMANN: Ihr «ich» ist mutig, aber es bezieht auch immer Stellung, hat seinen Standpunkt und den Überblick, wie hier in dieser weiten Landschaft. Mir ist das Ich problematisch. Es speist sich aus so vielem, ein festes Ich zu konzipieren ist mir fragwürdig. Ich ist für mich ein Konstrukt. Eine Rolle.

Das «ich» ist Ihnen zu fest und das «wir» von zeitgemäßer Fragilität. Im Leben von Sarah Kirsch war es genau umgekehrt.

KIRSCH: Manchmal sagt sie aber auch ganz schön «ich»: «meine Kufen klingen auf dem See wie Bocciakugeln / die silbern aneinander stoßen, hohl und flüssig / am Ufer in Flaschengrün erstarrte Pflanzenreste ...» Das ist sehr schön! Aber im Großen und Ganzen sagen Sie dennoch lieber «wir». Wer ist dieses «wir» für Sie?

POSCHMANN: Ein gestreutes Ich, das viele Standpunkte einnehmen kann.

KIRSCH: Sind das Leute, die Sie kennen? «Wir zogen uns zu einer dicken formlosen Masse zusammen / wir blieben ungenannt in den Pilzbüchern ...» Wer sind diese «wir»?

POSCHMANN: Eine anonyme Masse.

KIRSCH: Und mit der sind Sie dann immer unterwegs?

POSCHMANN: In diesem Gedicht schon.

KIRSCH: Warum mögen Sie die? Sind Sie nicht gerne alleine unterwegs?

POSCHMANN: Für mich ist das die machtlose Masse, die auch mal was sagen will. Der Einzelne ist nicht so wichtig, man ist unbekannt, man hat wenig zu sagen. Man ist der Nährboden für das, was passiert in der Gesellschaft.

Warum, Frau Kirsch, fällt es Ihnen so leicht, ich zu sagen, wenn es der Jugend offenbar so schwerfällt?

KIRSCH: Ja, durch diesen Trick mit dem «wir» ist sie nie allein. Warum das «ich» für mich nie ein Problem war, kann ich nicht sagen. Es war einfach so. Es sind schöne Gedichte, die sie schreibt. Aber ein ganz anderer Blick.

POSCHMANN: Sie haben im Leben immer Ihre eigenen Entscheidungen getroffen. Sie waren immer mutig.

KIRSCH: Das ist mir nie aufgefallen. Alles in meinem Leben musste einfach so sein. Als Schülerin habe ich viel Stifter gelesen, die schönen Wälder, die Bäume und das alles, da dachte ich, ich muss Forstwirtschaft studieren. Dann habe ich Biologie studiert. Das war in der DDR schlau. An Dichtung war noch gar nicht zu denken. Dichtung, sagte mir meine Mutter immer, sei das Größte, was es gibt. Erst viel später habe ich die Jungs kennengelernt, die es wagten, Gedichte zu machen. Da habe ich mir gesagt, das kann ich auch. Und das klappte sofort.

POSCHMANN: Trotzdem haben Sie die Dichterschule der DDR, das Johannes-R.-Becher-Institut, besucht.

KIRSCH: Das war großartig. Die vielen verbotenen Bücher, die wir dort lesen durften! Camus' *Sisyphos*, das war das Größte von der Welt. In der DDR ging es ja immer so: Die Geschichte geht in Zickzackbewegungen, und bei Zack heißt es Kopf einziehen. Und nach dem elften Plenum war ziemlich viel Zack. Leute flogen aus der Schule, bekamen keinen Abschluss.

Das Gefühl, die ganze DDR-Misere vergeblich erlitten zu haben, das so viele ostdeutsche Schriftsteller plagt, das kennen Sie nicht?

KIRSCH: Nein, das war für mich doch hochinteressant. Ich habe ja schon die Nazizeit miterlebt als Kind, die Bombenangriffe. Dann hab ich die DDR kennengelernt, dann Westdeutschland, dann das Zusammengeschmissene. Mehr kann man in ein Leben schon nicht mehr packen. Mein Motto war immer: Einem Schriftsteller kann es nicht schlecht genug gehen.

POSCHMANN: Wie wichtig waren Freunde für Sie?

KIRSCH: Die Freunde haben eine große Rolle gespielt. Wir mussten uns zusammenrotten gegen die anerkannten Parteidichter, die heute niemand mehr kennt. Wir waren sehr stolz, haben immer zusammengearbeitet, zusammen dieselben Dichter entdeckt, Ewald von Kleist zum Beispiel, die jungen Russen. Wir wussten immer alles über alle, dieser Jahrgang 35, das war ein Haufen Leute. Auch Grass und Meckel und viele andere aus dem Westen kamen häufig dazu. Da war nicht ein einziger Spitzel dabei. Das war wunderbar. Jeder hat jedem sofort geholfen.

Frau Kirsch, Sie waren 48 Jahre alt, als Sie hierher in die norddeutsche Einsamkeit an den Eiderdeich gezogen sind. Warum?
KIRSCH: Die Öffentlichkeit und die Rolle, die man dort spielt, sind mir sehr langweilig. Ob das hier gut ist oder nicht gut ist, ist mir ganz egal. Ich will kreatürlich, lebendig sein. Früher wollte ich mich mit diesem Naturkram nicht zu viel einlassen. Dann bin ich durch Amerika gefahren, durch diese Weiten, die Wüsten. Danach bin ich in Berlin schon in Tränen ausgebrochen, wenn ich bloß so 'n Ast mit Tropfen dran gesehen habe. In Berlin gibt es ja keine Jahreszeiten und nüscht. Bei mir gehen Entschlüsse immer ruck, zuck. Ich wollte weg. Inzwischen hänge ich sehr an dieser sehr merkwürdigen Gegend. Ich muss das jetzt alles hier beschreiben, das ist wie ein Auftrag, den ich übernommen habe. Ich grase das hier ab wie ein Schaf, fresse das, bis alles gefressen ist.

Hat sich Ihr Leben hier draußen in einem solchen Maß erfüllt, dass das Schreiben immer unwichtiger wird?
KIRSCH: Merkwürdigerweise kann ich dasselbe immer wieder von einem anderen Punkt aus beschreiben. Ich habe schon so viele Gedichte hier gemacht. Dann, in meinem letzten Gedichtband *Schwanenliebe*, habe ich

plötzlich diese kurzen Haiku-ähnlichen Dinger geschrieben, im Grunde alles noch mal, wieder von einem anderen Standpunkt. Wenn man etwas so genau kennt, so gefressen hat, dass man es in zwei Zeilen wiedergeben kann, ist das schon sehr schön. Auch meine täglichen Notizen sind eigentlich immer dasselbe, aber es kommt immer zu anderen Wendungen. Das ist wie das Leben, es ist dasselbe und ist doch nicht dasselbe. Man muss dazu ganz demütig und ganz einfach sein.

Eins dieser Haiku-artigen Dinger geht so: «Dann schreit die ganze / Dachkante im schneidenden / Wind und der herrliche / Falke sitzt auf der / Erde wo schwarze / Stiere gestanden sind.» Können Sie erklären, wie so ein Gedicht entsteht?
KIRSCH: Das ist die reine Situation. Oben im Haus, wo ich schreibe, ist ein Balken, auf dem hat der Falke seinen Fressplatz. Das alles ist wirklich wahr. Wenn der Wind hier heult mit Windstärke zwölf, ist das so, dann schreit die Dachkante.

«Das letzte Vieh / Wirft lange Schatten. / Das kann ich / schwören dass es hier / ein Pferd gibt das / dich in keinen Hinterhalt trägt.» Das haben Sie nicht gesehen.
KIRSCH: Aber ich weiß es.

«Hier kenne ich / Nur eine Erle / Graugans aus / Luft jetzt bin ich / Überall.»
KIRSCH: Das ist, was man sich mitteilen kann. Dass man ein Stück Natur ist. Was ich kenne. Weshalb ich hier bin. Mit wem ich spreche. Es gibt viele Erlen hier.

«Manchmal konnte ich / Schwäne heranschauen / Ein einziges Mal einen / Kometen was / Glänzten die Augen.»
KIRSCH: Dass man Schwäne heranschaut, das kann ja mal passieren. Und Kometen. Den habe ich einmal zwei Wochen lang hier gesehen. Er sah aus wie ein Weidenkätzchen. Ich tue so, als könnte ich ihn hervorlocken. Das ist Übermut. Aber so glücklich kann ich mich hier fühlen.
POSCHMANN: Was mich sehr berührt hat, war ein Satz von Ihnen in einem Nachwort zu den Gedichten von Christoph Wilhelm Aigner. Da schreiben Sie, dass es in der Dichtung «um alles gehen muss. Ihr Hervorbringer sich ihr auf Leben und Tod hingeben muss.» Kunst und Leben sind hier so eng verknüpft.
KIRSCH: Wenn man schreibt, geht es einem um alles, wenn man es ehrlich macht. Das Kunstwerk kann nur groß und schön und sonst was sein, wenn es mit dem, der es schreibt, so viel zu tun hat, dass der auch daran kaputtgehen kann.

Es gibt auch eine Kopflyrik wie die von Durs Grünbein, die eine solche existenzielle Begleitung nicht braucht.
KIRSCH: In der DDR hieß das Gedankenlyrik.

Sie leben, was Sie schreiben.
KIRSCH: Es gibt eben verschiedene Möglichkeiten. Ich weiß nicht, warum das bei mir so ist. Es macht mir Spaß, so zu leben wie ein Gedicht.

Warum spielen Tiere in Ihren Gedichten oft die Hauptrolle?
KIRSCH: Sie sind noch gefährdeter als Menschen, weil sie nichts für sich selbst tun können. Sie erbarmen mich sehr. Manche Tiere gibt es wirklich bald nicht mehr. Die Ele-

fanten sind fast schon hin. Das nimmt mich mit. Deshalb kann ich auch besser hier leben als in der Stadt mit diesem ganzen Tinnef, der unserem Planeten das Leben absägt. Ich könnte nicht mit viel Geld und Saus und Braus leben. Das ist doch alles falsch. Alles läuft falsch.

Sie glauben an die Natur.
KIRSCH: Ich bin nicht gläubig, aber ich glaube an ganz vieles. Ich glaube eher an Bäume als an Gott. Ich glaube an viele Gottheiten in den Dingen. Ich glaube an die, die hier schon gelebt haben. Wenn ich hier ganz einsam bin, hallt das hinter mir her auf dem Deich.

Was bedeutet Ihnen das Alter?
KIRSCH: Ich spüre das Alter nicht. Man wird innerlich nicht so schnell alt, wie man in Wirklichkeit alt wird. Innerlich bin ich noch immer die, die mit ihrer Mutter irgendwo langgeht. Aber eigentlich ist mir das Alter schietegal. Ich weiß nur, dass ich mich nicht mehr so gerne verlieben möchte. Das ist mir zu unbequem. Das kann ruhig etwas ruhiger zugehen. Ich bin immer ganz gut mit mir ausgekommen. Ich hatte eine Mutter, von der kommt das Urvertrauen. Deswegen habe ich nie Angst. Mir ist immer, als sei meine Mutter noch da, obwohl sie vor fünf Jahren gestorben ist. Zu jedem Geburtstag ruft sie als Erste an. Diese Mutter war ein großes Geschenk.

Was kommt jetzt noch?
KIRSCH: Ich mache jetzt hier fertig.

«Das Leben wird nur erträglich
durch die Verlängerung in die Kunst.»

MARTIN WALSER

und GÜNTER GRASS

Als Günter Grass am Montag, dem 13. April 2015, stirbt, rufe ich als Erstes Martin Walser an und überbringe ihm die traurige Nachricht. Es folgt ein sehr lautes Schweigen in der Leitung zwischen dem Hamburger Pressehaus und dem Bodensee. Ein paar Stunden später schickt Walser ein Gedicht:

Jetzt

Jetzt. Es ist vorbei.
Jetzt. Es war einmal.
Jetzt. Günter. Günter. Günter.
Jetzt. Ich habe immer gedacht
Jetzt. Du streitbarster Freund
Jetzt. Wir blieben zusammen.
Jetzt. Auf einmal
Jetzt. Nichts mehr.
Jetzt. Deutschland, traure.

Grass und Walser. Walser und Grass. Man hat die beiden Generationsgenossen oft in einem Atemzug genannt. An diesem Montagmorgen geht eine deutsche Autorenbeziehung zu Ende, die über sechzig Jahre bestanden hat, in guten und in schlechten Zeiten. Die guten Zeiten, das hat Martin Walser schließlich in seinem Nachruf auf Günter Grass geschrieben, waren die gemeinsamen Anfänge in den fünfziger Jahren, als man sich noch «berechtigt fühlte, seine Träume für viel wichtiger zu halten als die rundum brav arbeitende Wirklichkeit». Doch seit Mitte der sechziger Jahre, nach dem weltweiten Erfolg der *Blechtrommel*, entfernten sich die beiden voneinander. Grass wurde mehr und mehr zum Nationalschriftsteller, der den Deutschen wieder zu einer vitalen, kraftvollen Literatursprache verhalf, die modern war und doch aus der alten deutschen Volksdichtung von Grimmelshausen bis Grimm schöpfte. Walser etablierte sich als einfühlsamer Porträtist bundesdeutscher Kleinbürgerseelen. Die Begegnungen der beiden im geteilten Deutschland waren spannungsgeladen, es wurde viel getrunken, nicht alle Abende endeten versöhnlich. Im Nachhinein hat Martin Walser gesagt, dass Grass ihm bei solchen Gelegenheiten in seiner Liebenswürdigkeit ein Stück voraus war. Für die Rivalität mit dem erfolgreicheren Kollegen hat er nach dessen Tod einen Lesebuch-Satz geprägt: «Entsetzlich bleibt, wie die Ideologien es uns schwer machten, uns als die zu erleben, die wir doch waren.»

Als mein Kollege Christof Siemes und ich Martin Walser im Sommer 2007 in einem Hamburger Hotel abholen und gemeinsam mit dem Auto in Richtung Norden nach Behlendorf fahren, wo Günter Grass mit seiner Frau Ute lebt, ist das Verhältnis der beiden deutschen Großschriftsteller weitgehend befriedet. Martin Walser ist gerade 80 geworden, Grass steht der runde Geburtstag bald bevor. Beide fühlten sich in den vergangenen Jahren von der Öffentlichkeit verkannt und zu Unrecht angegriffen. Walser war 1998 vorgeworfen worden, er habe sich in seiner Paulskirchenrede von der deutschen Verantwortung für den Holocaust distanziert, als er sagte, Auschwitz dürfe nicht «zur Moralkeule verkommen». Und nach dem Erscheinen seines Schlüsselromans *Tod eines Kritikers* 2002, in dem eine Marcel Reich-Ranicki nachempfundene Figur auftritt, hieß es, er habe ein Spiel mit antisemitischen Motiven getrieben und einen Überlebenden des Warschauer Ghettos verunglimpft. Grass wiederum hatte seine jahrzehntelang verschwiegene Waffen-SS-Mitgliedschaft erst im Vorjahr in seiner literarischen Autobiographie *Beim Häuten der Zwiebel* öffentlich gemacht und damit einen Sturm der Entrüstung entfacht. Man deutete das lange Schweigen des ewigen Moralisten im günstigsten Fall als Doppelmoral, im ungünstigsten als Feigheit. So begegnen sich im Behlendorfer Garten zwei angeschlagene Krieger. Das macht sie zu Verbündeten.

Der Empfang ist freundlich, obwohl mir Grass nach meinem Verriss des Wiedervereinigungsromans *Ein weites Feld* im Jahr 1995 vorgeworfen hatte, ich hätte sein Buch nicht gelesen. Auch Martin Walser ist bester Laune. Für Ute Grass hat er bei einem Zwischenstopp in Mölln einen Strauß Blumen besorgt: Freilandrosen.

Das Wetter ist herrlich, wir sitzen unter Schatten spendenden alten Bäumen. Das Gespräch dauert vier Stunden und droht mehrfach zu entgleisen. Es handelt von einem langen gemeinsamen Leben, von längst vergangenen Kämpfen und vom Altwerden. Es geht um Gott und die Welt, aber vor allem um Gott. Walser gibt das ausgelassene genialische Kind, Grass den überlegenen, heiter reservierten Gastgeber. Beide haben sich auf das Doppel-

gespräch gut vorbereitet: Walser hält in einer Klarsicht-
folie einen Zettelstapel voller Notizen, Grass in seinem
Kühlschrank einen schier unerschöpflichen Vorrat portu-
giesischer Weißweinflaschen bereit. Beides kam reichlich
zum Einsatz.

GÜNTER GRASS: Worüber wollen wir denn plaudern?

Über Sie beide natürlich.
MARTIN WALSER: Ich hab was dabei. *(Legt eine Klarsicht-
hülle voll handbeschriebener Blätter auf den Tisch)*
GRASS: Hast du dich vorbereitet, oder was?
WALSER: Natürlich! Glaubst du, ich komm daher und
habe nichts dabei?! So, das ist alles.
GRASS: Ist ja ungeheuer.

Das gehen wir jetzt der Reihe nach durch?
WALSER: Ja, ja, Kinder. Der Günter muss natürlich auch
einverstanden sein.

**Dürfen wir vorher noch fragen, wie das überhaupt ist,
wenn Sie sich wiedersehen, freuen Sie sich?**
GRASS: Wir sehen uns leider zu selten. Wir kennen uns
seit 1955. Da wurde ich zu einer Tagung der Gruppe 47
in Berlin eingeladen, und er bekam damals den Preis der
Gruppe. Dann waren wir beide engagiert, als es in den
sechziger Jahren darum ging, den Schriftstellerverband zu
gründen. Und da wir beide fleißige Menschen sind, gab es
auch immer wieder Anlässe, lesend voneinander Kenntnis
zu nehmen. Und ich liebe ihn.

Herr Walser, lieben Sie ihn auch?

WALSER: *(wirft Grass einen Kuss zu)* Und ob! Bei manchen meiner Bekannten, die beinahe Freunde waren, ist es mir so gegangen, dass sie mir, nachdem wir in politischen Dingen unterschiedlicher Meinung waren, die Freundschaft entzogen haben. Manche haben sogar das Du zurückgenommen. Da fiel mir auf, dass mir das ein paar wenigen gegenüber nie passieren könnte. Und da hat Günter Grass immer dazugehört. 55 in Berlin, da warst du eher ein schöner Schatten, der mit Lyrik hereinschwebte und wieder draußen war. Du hast wirklich toll ausgesehen. Und das tust du auch heute noch.

GRASS: Hast du also gar nicht zugehört bei meiner Lesung?!

WALSER: Damals hattest du dieses vom Bodensee aus gesehen Exotische, kaschubisch Exotische. Für mich spielt leider, Entschuldigung, das Aussehen eine wahnsinnige Rolle. Das ist diese natürliche Ungerechtigkeit, über die man nicht gut hinwegkommt.

GRASS: Was du vorhin gesagt hast mit den Meinungen, die du nicht teilst oder die dir gleichgültig sind: Das kann ich nicht sagen. Wir sind, gerade in politischer Hinsicht, oft gegensätzlicher Meinung gewesen, und das war mir nie gleichgültig. Aber das war auch nie ein Grund, den Stab zu brechen. Das ist eine Grundlage unserer Freundschaft.

Bei Ihnen, Herr Walser, findet man manches Kritische über Grass. In einem Brief an Frisch schreiben Sie über ihn: fremd, zu viel Abenteuerliches, zu viel Heraldisches.

WALSER: Das ist ein Wurzelgeflecht, da gibt es nicht einen Hauptstrang. Bei seinem Auftreten mit der *Blechtrommel* 1959 war er eine übermächtige Erscheinung, auch für einen Kollegen, der auf dem gleichen Feld tätig war. Das habe ich natürlich gelesen mit, gestatten Sie, einem prüfenden Blick. Ich wollte neben dem bestehen. Es sind dabei zwei Eindrücke geblieben. Erstens: Die *Blechtrommel* war der letztmögliche antifaschistische Roman, der noch geschrieben werden konnte. Zu einem antifaschistischen Roman gehört noch ein Affekt, damit das Anti ernährt werden kann. Das ist ja nicht nur eine Aufarbeitung von Geschichte. Und dieser direkte Affekt war in der *Blechtrommel* drin. Ich fühlte mich durch das Buch immer entlastet. Das Zweite ist das Sprachliche: Günter ist ein Spätexpressionist. Das ganze lyrische Temperament, das in seiner Prosa dirigierend ist, war für mich nie ein Konkurrenzprosaprinzip. Ich bin erzählerischer.

GRASS: Aber es knüpft unmittelbar aneinander an. 1959 kam die *Blechtrommel* raus und 1960 *Halbzeit*. Dieses Buch hat mich sehr beeindruckt, auch wenn es mit meinem Schreiben überhaupt nichts zu tun hat. Aber dass ein Autor meiner Generation zu dem Zeitpunkt, der tiefsten Adenauer-Zeit, wo ich mich mit meiner Geröllmasse an historischem Stoff beschäftigte, sich so mit der Wirtschaftswunderzeit, dieser neu entstehenden Gesellschaft, diesen Vertreterexistenzen beschäftigte mit einem Sprachvolumen, einer Suada – und das meine ich nicht abfällig –, das ist ein episches Wagnis gewesen ohnegleichen, meiner Meinung nach bis heute nicht erreicht.

Das klingt jetzt aber doch sehr nach «Nenn ich dich Goethe, nennst du mich Schiller».

GRASS: Es gibt auch Bücher von ihm, die mir wenig sagen. Es gibt aber auch eins, das ist überall grauenhaft verrissen worden, auch aus politischen Gründen, wahrscheinlich auch in der *ZEIT*: *Jenseits der Liebe*. Das ist für mich ein wunderbares Buch.

WALSER: Lieber Günter, Reich-Ranicki hat es furchtbar verrissen, 27 andere Kritiker haben es auf Platz zwei der Bestenliste gesetzt. Aber so ist das immer: Je negativer sich einer aufführt, umso berühmter wird er. Aber das, was Sie eigentlich über uns hören wollen, kann ich eher sagen als der Günter. Denn er hatte immer den größeren Erfolg. Das ist nicht in jeder Saison gleich gut zu ertragen.

GRASS: Aber das hat doch zwischen uns keine Rolle gespielt.

Vielleicht liegt es daran, dass Sie nie im selben Verlag waren. Mit dem Suhrkamp-Autor Uwe Johnson haben Sie, Herr Walser, wahnsinnige Eifersuchtskämpfe durchgefochten.

WALSER: Moment, Moment: nicht als Schriftsteller. Haben Sie das nicht kapiert?

GRASS: Ging es zwischen dir und Uwe um Frauen? Das kann ich mir nicht vorstellen.

WALSER: Nein! Heilandsack!?

GRASS: Ich bin Zeuge gewesen dieser Streitereien. Die gingen von Uwe Johnson aus, der, bis ihn der Alkohol einholte, wie eine Amme um Martin Walser besorgt war. «Martin, es ist jetzt schon halb zwölf, wann gedenkst du ins Bett zu gehen?» Johnson stand immer wie ein Wächter dahinter und lief hin und her. Und je mehr ihn Uwe ermahnte, umso mehr goss Martin sich nach.

WALSER: Ich hab den Uwe ja in meinem Fiat immer mitgenommen.

GRASS: Mit dir Auto zu fahren war immer ein Abenteuer, ja.

WALSER: Darüber jetzt nicht, bitte. Uwe war mein Haupt-accessoire auf vielen Autoreisen, und er durfte meinem Fiat alles nachsagen, was er nicht verstand. Fiat hatte ja oft Probleme mit der Elektrik, und der Uwe hat dann immer die Motorhaube aufgemacht und getan, als sei er der Chefmechaniker von Agnelli.

GRASS: Leider, muss man sagen, hätte man Uwe Johnson einen Uwe Johnson als Amme zur Seite stellen müssen, der auf ihn aufgepasst hätte in seinen letzten Lebensjahren. Wir waren mal Nachbarn in Berlin …

WALSER: Niedstraße 12 und 15.

GRASS: 13 und 14. Und wir haben auch mal eine gemeinsame Lesereise gemacht und kamen nach Wuppertal. Johnson äußerte den Wunsch, in eine richtige Nachtbar zu gehen. Ich habe dann eine Kneipe aufgetrieben mit Nackttänzerinnen, die an den Brustwarzen Troddeln hatten und diese wild drehten. Eine Zirkusattraktion. Und Johnson starrte gebannt auf die Brüste und sagte: Das ist also der Westen.

Aber keine Konkurrenzkämpfe mit Ihnen?

WALSER: Also bitte: Ich habe in der *Süddeutschen Zeitung* einen hymnischen Willkommensartikel für Uwe Johnson geschrieben.

GRASS: Ich habe auch das Gefühl, dass Sie aus Ihrer Generationserfahrung fragen. Dass der Konkurrenzkampf, auch angeheizt durch das Feuilleton, heute viel stärker ist. Bei uns gibt es einen Zusammenhalt. Und ich bin sicher, dass Martin Walser jetzt widersprechen wird: Die Grundlage war die Gruppe 47.

WALSER: Natürlich widerspreche ich!

GRASS: Aber lass mich das mal ein bisschen ausführen.

Wir mussten uns dort gegenseitig ertragen. Die Band-
breite war ungeheuer groß, vom herkömmlichen Natu-
ralismus bis zu Heißenbüttels experimenteller Lyrik. Ich
hab dort eine Menge lernen müssen, was Toleranz betraf,
denn ich hatte ja meine Meinungen und Ablehnungen.
Aber ich lernte zu akzeptieren, dass das alles möglich sein
durfte. Das ist eine Grundlage geworden, nicht nur für
die Beziehung zwischen Martin und mir.

WALSER: Der Günter hat das anders erlebt als ich. Ich
musste immer seinen Erfolg mitbuchen. Ich habe jetzt
wieder gelesen in meinen Tagebüchern von 1963 bis 1973,
die erscheinen im Herbst. Da gibt es eine Zeile: «Günter
Grass streichelt den Hermelin seines Erfolgs.»

GRASS: Schöne Formulierung. Im *SPIEGEL* würde jetzt
stehen, was der Hermelin gekostet hat. Aber schleichen
wir nicht um den Brei herum: Es gab und gibt auch die Situation, in der mal der eine oder der andere Objekt einer
Hatz in der Öffentlichkeit war und ist. Zum Beispiel, als
gegen Martin auf eine unsägliche Art und Weise, gestützt
sogar durch sogenannte Dissertationen, ein Antisemitis-
musvorwurf laut wurde. Da war es für mich selbstver-
ständlich, bei Lesungen erst mal über Martin Walser zu
sprechen und darüber, dass es in seinem Werk keine einzige Halbzeile gibt, die den Verdacht von Antisemitismus
erlaubt.

WALSER: Das können Sie wahrscheinlich schlechterdings
nicht ermessen, was es heißt, durch eine Buch-Saison, an
der Sie mitgewirkt haben, in einen solchen Schlagwort-
verdacht zu kommen, und Sie erleben, dass Intellektuelle, die Sie seit 30, 40, 50 Jahren kennen, das nicht nur
gelten lassen, sondern durch diese und jene Bemerkung
mitmachen. Günter war der Einzige, der dagegen den

Mund aufgemacht hat. Bei meiner Paulskirchenrede hatte er eine leise, kritische Distanz, aber überhaupt keine bösartige. Diese Rede war vorher gelesen worden vom Suhrkamp-Chef Siegfried Unseld und seiner Frau Ulla Berkéwicz, und nachher haben beide nicht merken lassen, dass sie vorher gesagt haben, das sei eine ganz tolle Rede.

Wie fanden Sie die Rede, Herr Grass?

WALSER: Ich weiß noch genau deinen Satz, und darüber könnte ich, wenn wir ins Jenseits kommen, tagelang diskutieren. «So was kann man denken für sich», hast du gesagt, «aber so was kann man nicht öffentlich sagen.» Ich habe mich instinktiv dagegen gewehrt. Weil gerade das der Sinn meiner Rede war: Gewissen kann man nicht delegieren, das muss jeder auf sich nehmen. Aber es ist keine Privatsache. Wenn du etwas der Sprache anvertraust, ist es persönlich, aber nicht mehr privat. Denn die Sprache ist eo ipso ein öffentliches Element.

GRASS: Was mich wundert bei solchen Auseinandersetzungen, die ja auch mich betreffen: wie die westdeutsche Presse, die sich doch immer ungeheuer differenziert gab, in solchen Fällen fast unisono auftritt und sich erfreut am Niedermachen. Sie haben doch als Journalisten eine Sorgfaltspflicht! Sie müssen doch prüfen, ob es zum Beispiel erlaubt ist, im Zusammenhang mit Berichten über meine wenigen Monate in der Waffen-SS Bilder von der Auslöschung des Warschauer Ghettos zu zeigen und so eine Verbindung herzustellen zwischen dem «SS-Mann Günter Grass» und diesen Verbrechen. Das ist doch grauenhaft! Im Ausland schüttelt man den Kopf darüber, wie man mit uns beiden hierzulande umgeht.

WALSER: Was du unisono nennst, hat bei mir ein anderes Wort: Zeitgeist. Wenn wir uns verhalten zu den Auswirkungen des Zeitgeists in den Medien, dann bleibt in den Medien übrig, dass wir uns über die Medien beklagen, als sei das eine Halskrankheit von uns.

Die heftige Reaktion der Öffentlichkeit auf die Nachricht, dass Günter Grass in der Waffen-SS war, ist auch auf Enttäuschung zurückzuführen. Niemand kritisiert Sie dafür, dass Sie erst jetzt ein Buch darüber schreiben. Aber es gab auch immer den Bürger Grass, der in Reden und Essays Stellung bezogen hat auch in Dingen, die die eigene Biographie betrafen. Warum ging das hier nicht?
WALSER: Er war doch immer im aktuellen Dienst! Der Bürger Grass hat für die SPD getrommelt, was unsereiner oft nicht eingesehen hat. Aber es war immer achtenswert. Ich habe fast keinen öffentlichen Auftritt von Günter Grass mitmachen oder auch nur innerlich bejahen können. Das war immer seine Nummer, dieses Engagiertsein, das ich letzten Endes doch nicht für praktisch werden könnend gehalten habe. Genauso hat er mir vorgeworfen, dass ich zu weit in einem Irgendwo bin. Aber da hab ich es ganz gut ausgehalten.

Aber noch mal: Warum konnte das nur literarisch mitgeteilt werden?
WALSER: Heilandsack, das ist doch seine Sache!
GRASS: Weil ich Schriftsteller bin. Ich befinde mich nicht in der SED, wo ich öffentlich Schuldbekenntnisse ablegen muss. Ich gehöre auch nicht zu einer christlichen Sekte, die sich aufgrund eines Pfingstwunders hinstellt und öffentlich bekennt.

.

WALSER: Jetzt brauche ich Zigarillos! Das kann ich nur noch als Raucher bestehen.

(Grass holt Zigarillos und portugiesischen Weißwein)

Ihr Journalisten dürft nicht so aktualistisch eingestellt sein. Dieses Gespräch muss auch ein Gespräch sein über das Medium Öffentlichkeit, das ihr verwaltet und mit dem wir 40 Jahre lang zu tun haben. In der Zeitung muss auch stehen, wo ihr es euch zu leicht gemacht habt. Die Vierte Gewalt dürfte sich ruhig auch einmal selbst kritisieren.

Zuerst wollen wir aber noch mal zurück zu Grass' letztem Buch, seiner Autobiographie. Sie, Herr Walser, haben ihn verteidigt.

WALSER: Als ich davon in der Zeitung gelesen habe, hat sich für mich gleich die Frage gestellt: Was ist an dieser Empörung und Kritik sachlich richtig, und was ist mediale Selbstgerechtigkeit? In jedem Jahrzehnt gibt es einen anderen zeitgeistempfohlenen, zeitgeistkonformen Umgang mit der deutschen Vergangenheit. In den Sechzigern hat niemand das zur Kenntnis nehmen wollen, weil es nicht dran war. Jedes Jahrzehnt ist dann empfindlicher und anspruchsvoller geworden.

Wurde es immer schwieriger, darüber zu reden?

WALSER: Mein Aufsatz *Unser Auschwitz*, sechziger Jahre, mein Aufsatz *Auschwitz und kein Ende*, siebziger Jahre, das hat überhaupt keine Rolle gespielt, als ich in den neunziger Jahren auf das Übelste angegriffen wurde von Leuten, die nie Kenntnis genommen haben, dass ich geschrieben hatte: Seit Auschwitz ist noch kein Tag vergangen. Ihr nehmt keine Rücksicht auf den Menschen, was er war und was er ist. Es gibt zum Beispiel nichts

Lächerlicheres als Ihre Reaktion und die Ihrer Kollegen auf Botho Strauß' Aufsatz vom *Anschwellenden Bocksgesang*. Oder Sloterdijks Rede vom *Menschenpark*. Diese beiden Skandale, die ihr hochgejubelt habt: Faschistische Rhetorik! Neonazitum! Der *Bocksgesang* ist nach meiner Lektüreerfahrung vielleicht der gescheiteste, erleuchtetste, am weitesten reichende Text, den ein deutscher Intellektueller seit 1945 veröffentlicht hat. Ihr habt den nicht gelesen! Ich habe ihn erst gestern wieder gelesen.

Aber was werfen Sie uns vor? Dass wir falsch lesen?

WALSER: Da ist ein Intellektueller, der hat x Stücke geschrieben, die wir bejubelt und bejaht haben. Und dann schreibt er einen Text, der nicht ganz einfach zu verstehen ist, und dann wird er der faschistischen Rhetorik beschuldigt, dann sage ich: Da hätte man doch in irgendeinem seiner Stücke schon mal merken müssen, dass was Neofaschistisches drin ist. Und das meine ich jetzt auch im Fall Grass: Man muss immer den ganzen Autor lesen, insbesondere wenn man glaubt, ihn an einem prekären Punkt beurteilen zu müssen. In dpa-Notizen werden aber ganze Autoren erledigt wegen eines Aufsatzes. Ich plädiere für eine Achtung vor dem ganzen Autor im prekären Punkt. Wenn ich über Gänseblümchen schreibe, könnt ihr *Halbzeit* weglassen. Aber nicht, wenn ich am prekären Punkt formuliere.

GRASS: Bei dir hat man das Ding überdreht und meinte, aus deinem ganzen Werk mit Mutmaßungen einen Antisemitismus beweisen zu können. Das ist ungeheuerlich! Wie man auch versucht hat, der Gruppe 47 Antisemitismus zu unterstellen. Es gehörten doch Juden dazu, bei den Kritikern und den Autoren! Das wird alles unterschlagen oder relativiert oder unterstellt, die Gruppe 47 sei antisemitisch, nur weil Paul Celan eine schlechte Kritik bekommen hat. Ich vermisse bei all dem Wolfsgeheul eine Differenzierung. Denken Sie an den *SPIEGEL*-Titel zu meinem Buch *Ein weites Feld*, ein Wüterich zerreißt mein Buch. Dieser Mangel an Respekt unseren Leistungen gegenüber, den finde ich entsetzlich.

Aber wer stellt denn das her, was Sie Zeitgeist nennen? Das sind doch nicht nur Journalisten, sondern zum Beispiel auch Sie, die Schriftsteller.
GRASS: Meine Bücher sind alle gegen den jeweiligen Zeitgeist entstanden.
WALSER: Wer den Zeitgeist macht, ist egal, aber es gibt ihn in jedem Jahrzehnt. Ich habe das dreimal erlebt: Schon in den sechziger Jahren habt ihr, ich sage das jetzt stellvertretend, gesagt, ich sei nicht mehr auf dem Boden des Grundgesetzes, nur weil ich versucht habe, die deutsche Öffentlichkeit zu bewegen, den amerikanischen Krieg in Vietnam nicht zu unterstützen. Dieser Krieg in Vietnam hat zwei Millionen Menschen das Leben gekostet, aber ihr, eure Vorfahren in den Redaktionen, habt denjenigen denunziert, der gegen die Propaganda für diesen Krieg war. Journalisten haben mich zum Kommunisten gemacht! Danach war ich ein Rechtsextremist, weil ich die deutsche Teilung nicht gut fand. Und dann war ich ein Antisemit, weil ich einen Roman gegen einen Kritiker geschrieben habe. Egal. Der jeweilige Zeitgeist hat da ein Urteil gefällt.

Wo wir noch von Kritik reden, sprechen Sie bereits von Kampagne.
GRASS: Aber wir reden doch jetzt nicht von Literatur-

kritik! Das machen wir seit annähernd sechs Jahrzehnten mit. In den Kampagnen ging es nicht um die Bücher, sondern um die Personen.

Wir nehmen aber an, dass Sie, Herr Grass, den *Anschwellenden Bocksgesang* von Botho Strauß anders gelesen haben als Martin Walser.
GRASS: Ja, aber das sind Meinungen. Ich toleriere Martins enthusiastische Einschätzung, die ich nicht teile. Ich behaupte allerdings, wenn der Aufsatz von Strauß heute erscheinen würde, bekäme er Beifall. Weil der Zeitgeist vielen seiner Thesen entspricht, weil er neokonservativ ist.

Nur eine verständnisvolle Kritik wäre also zulässig?
GRASS: Kritik von jemandem, der in der Lage dazu ist. Der Historiker Mommsen hat zum Beispiel in meinem Fall darauf hingewiesen, dass die Division, in der ich mich befand, nicht aus Freiwilligen bestand. Ich wurde einfach gezogen. Das sind Dinge, die unterschlagen werden. Unter dem Schreckenswort SS wird das alles subsumiert und in Zusammenhänge gebracht, die nur verletzend sind, nicht aufklärend.
WALSER: Mit der Literaturkritik habe ich zu leben gelernt. Ich habe aber nicht zu leben gelernt mit der Beschuldigungslust in politischen Situationen.

Eine Debatte über politische Meinungen jenseits des literarischen Handwerks ist nicht statthaft?
WALSER: Wie sagt Sloterdijk? Die Ära der hypermoralischen Söhne von nationalsozialistischen Vätern läuft zeitbedingt aus. Diese Kultur der Bezichtigung, in der der Angegriffene immer schon der Verlierer war. Die Kultur

des Verdachts und der Bezichtigung! *(schreit)* Hat diese
Kultur existiert oder nicht?

**Man kann sie auch eine Kultur der Debatte, vielleicht des
Meinungskampfes nennen.**
GRASS: Das setzt doch voraus, dass es gegensätzliche
Meinungen in der Öffentlichkeit gibt. Davon kann doch
überhaupt nicht die Rede sein.
WALSER: *(schreit noch immer)* Hat diese Kultur des Ver-
dachts existiert oder nicht?

Nein.
WALSER: *(empört)* Nicht?

**Es gab immer auch Gegenstimmen, ein Meinungsdurch-
einander.**
GRASS: Entschuldigung, dann müssen wir das Thema
wechseln. Meine Erfahrung spricht gegen das, was Sie behaupten.
WALSER: Sie haben doch nicht widersprochen, als ich in
der *ZEIT* zum Neuheiden gemacht wurde!

**Eine liberale Öffentlichkeit ist doch nicht nur dann libe-
ral, wenn jeder veröffentlichten Meinung sofort wider-
sprochen wird. Auch Sie haben sich an der öffentlichen
Meinungsdebatte beteiligt, mit Aufsätzen und Reden in
Zeitungen. Sind Sie sicher, dass Sie dabei nur gerechte
und gesicherte Urteile gefällt haben?**
GRASS: Das habe ich nicht behauptet. Nur bedenken
Sie, dass derjenige, der sich in der Öffentlichkeit gegen
Angriffe und Diffamierungen verteidigt, immer in einer
schwachen Position ist.

WALSER: Sie kennen mich besser als ich. Aber habe ich je einen Aufsatz oder eine Rede benutzt zur Verurteilung des anderen? Ich habe, hoffentlich, nie pädagogische, politische, religiöse Anmaßung betrieben, um anderen etwas beizubringen. Mir ging es immer darum, mich zu äußern, um zu erfahren, ob ich allein sei mit dem, was ich fühle. Ich habe immer festgestellt, dass ich in mir so viele Meinungen beherbergen kann, dass ihr mit einer Zeitung gar nicht hinkommt. Nichts ist ohne sein Gegenteil wahr.

Auch das haben Sie immer sehr meinungsstark vorgetragen.
WALSER: Ich sage dazu: erfahrungsgesättigt.

Auch die Meinung der angeblich Meinungslosen ist eine Meinung.
WALSER: Wissen Sie nicht, was der Unterschied zwischen einer Meinung und einer Erfahrung ist?

Sagen Sie es uns.
WALSER: Erfahrungen sind nicht wählbar. Erfahrungen sind notwendig. Meinungen dagegen, die lade ich ein, die bewirte ich, die behandele ich stiefmütterlich, aber Platz haben sie alle in mir. Deswegen muss ich auch nie einem anderen seine Meinung übel nehmen. Ich habe einmal als Meßmer geschrieben: «Das, was ich sage, ist umso weniger meine Meinung, je heftiger ich es sage.»

Gibt es keine unhintergehbare Grenze, wo Meinungen nicht mehr tolerierbar sind?
GRASS: Abscheulich sind nicht Meinungen, sondern Taten.

WALSER: Reden wir von Peter Handke. Er ist der Einzige, der eine originale Erfahrung mit den jugoslawischen Schauplätzen hat. Der hat ein ganz anderes, realistisches Geschichtsverhältnis. Wenn man die Bücher von Handke gelesen hat, kann keine Kampagne, kein Zeitgeist mehr behaupten, seine Serbienbücher seien ein «moralisches Desaster».

Wenn Peter Handke in seinen Büchern die bosnischen Serben, die auf Passanten in Sarajevo schießen, mit um ihre Freiheit kämpfenden Indianern vergleicht, soll man das nicht moralisch kritisieren dürfen? Sie sprechen von Kampagnen der Presse, deren Opfer Sie geworden sind. Viele werden Ihnen da zustimmen. Aber warum ist es nicht möglich, Ihnen kritische Fragen zu stellen?
GRASS: Aber was reden Sie denn da! Ich bin mein Leben lang kritisiert worden und habe das ertragen. Hier hat aber in einem Unisono-Ton eine Hatz stattgefunden. In der *FAZ* ist eine Karikatur über mich veröffentlicht worden, die hatte *Stürmer*-Qualität. Auch bei Handke kann man von einer Kampagne sprechen.

Sind Sie auch der Ansicht, dass man Peter Handke nicht kritisieren darf?
GRASS: Natürlich darf man ihn kritisieren. Aber die Unterstellungen gingen zu weit. Und das Außer-Acht-Lassen, dass Handke noch andere Dinge vorzuweisen hat als diese Texte, die ich für misslungen halte.

Ist es möglich, dass das, was Sie eine Kampagne nennen, ein sich immer stärker abzeichnendes Verständigungsproblem zwischen den Generationen ist? Es ist die En-

kelgeneration, von der Sie sich missverstanden und verfolgt sehen.

WALSER: Das kommt mir arg einfach vor, diese Sache auf
Generationen zurückzuführen.

GRASS: Sie beide sind offenbar nicht bereit, diese Verwer-
fungen innerhalb der Printmedien auch kritisch zu sehen.

**Was ist an der Frage, warum Sie erst nach über sechzig
Jahren über Ihre Wochen bei der Waffen-SS sprechen, so
verwerflich? Ihre Antwort muss man respektieren, aber
dasselbe gilt für die Frage.**

WALSER: Man wollte sich an einer Vormachtstellung rä-
chen, die Grass angeblich als politisch-moralische Instanz
gehabt hat.

GRASS: Auf der Leipziger Buchmesse hat man mir Spitzel
auf den Leib geschickt! Den Titel «Gewissen der Nation»
habe ich nicht erfunden, den habe ich zurückgewiesen,
genauso wie Böll. Das ist eine Erfindung des Feuilletons.

WALSER: Trotz seiner ganzen Streitbarkeit und Präzepto-
rialität kann man sicher sein, dass Günter viel mehr als
jeder andere an diese Winzigkeit in seiner Biographie
gedacht hat. Es gibt gar kein politisches, geistiges, gesell-
schaftliches Bedürfnis, das jetzt so groß herauszustellen.
Das ist nur das, was Sloterdijk die «Kultur der Verdäch-
tigung» nennt. Natürlich, wenn ich in den Reden von
Grass so etwas gelesen habe wie «die Chefetage des Kapitalismus», da dachte ich schon: Junge, Junge, weißt du,
wovon du da redest?! Du kannst keine Ahnung haben
von den Chefetagen des Kapitalismus.

GRASS: Woher weißt du das?

WALSER: Ich habe einen Roman geschrieben über das
Geldvermehren.

GRASS: Du hast Ahnung davon?

WALSER: Ich habe einmal über Kapitalismus und Demokratie gesprochen. Das ist die schlimmste Rede, die ich je gehalten habe. Ich habe einsehen müssen, dass ich das Wort nur ergreifen sollte in Zusammenhängen, in denen ich nicht lediglich eine Meinung habe, wo ich kein fremdes Vokabular benutzen muss, sondern wo ich selber eine Erfahrung habe. Daran versuche ich mich zu halten. Du hattest einen viel konkreteren politischen Einsatz. Und in diesem konkreteren politischen Einsatz musstest du auch über deine Erfahrung hinausgehen. Ich glaube nicht, dass die SPD so viel besser ist als die CDU, wie du behauptet hast.

Sie, Herr Walser, misstrauen also den großen Worten. Sie sind der Autor des deutschen Kleinbürgertums, das sich rühmt, immer auf dem Teppich geblieben zu sein.

GRASS: Mit dem Wort Kleinbürger haben wir beide zu tun. Ich finde das wunderbar, wenn selbst ernannte Großbürger jetzt naserümpfend über Kleinbürger reden. Für mich ist meine kleinbürgerliche Herkunft eine dauernde Quelle der Inspiration und des Einfallsreichtums. Ich halte diese Internationale der Kleinbürger für die einzig funktionierende.

WALSER: Ja, ja, ja. Die haben ja auch das 19. Jahrhundert gemacht. Der Kleinbürger ist der, der sich selbst ausbeutet.

Sie werden beide in diesem Jahr 80. Was bedeutet Ihnen das?

WALSER: Was die Welt mit so einer schlichten Zahl alles anstellt. Ich zitiere Elke Heidenreich: *(holt einen seiner*

Zettel hervor) «Das ist eine ganz ekelhafte Altmännerlite-
ratur, die wir da jetzt haben. Grass, Walser, diese eitlen alten Männer, die den Mund nicht halten können. Ich finde,
dass Grass und Walser seit Jahren nichts Gutes geschrieben haben. Ich habe aufgehört, Walser zu lesen, seit *Dorle
und Wolf*, ein grottenschlechter Roman, und bei Grass hat
mich immer das Übermaß an Eitelkeit und Selbstgefäl-
ligkeit gestört.» Elke Heidenreich, eine Literaturkritikerin, die als Päpstin bezeichnet wird, hat nichts mehr von
uns gelesen und findet trotzdem, dass Grass und Walser
seit Jahren nichts Gutes mehr geschrieben haben. Das ist
genial. Die Kritikerin muss, was sie verurteilt, gar nicht
mehr lesen.

Herr Walser, Sie ärgern sich über eine Fernsehkritikerin?
WALSER: Jetzt seid ihr elitär daneben. Diese Frau hat mehr
Macht als Sie.

**Auch wenn sie unrecht hat, darf sie nicht sagen, was sie
denkt?**
GRASS: Sie sind naiv. Das ist an Dummheit und Unver-
schämtheit nicht mehr zu übertreffen, was Martin Walser
da gerade zitiert hat. Und Sie wissen, welche Wirkung
diese Frau auf den Buchhandel hat. Nicht nur wir beide, sondern eine Vielzahl von Autoren sind von diesen
Dummheiten betroffen. Wir beide können von unseren
Büchern leben. Aber für andere sind solche Urteile absolut vernichtend. Ich erwarte von einer Zeitung, dass sie
zu so etwas Stellung nimmt.
WALSER: Ich erinnere mich an die fünfziger Jahre. Damals
gab es Hesses *Glasperlenspiel* und Thomas Manns *Doktor
Faustus*. Ich habe das alles gelesen, war aber vollkommen

unfähig, diese Literatur zu erleben. Dennoch wäre ich niemals auf die Idee gekommen, diese Autoren als «alte Männer» abzutun. Das ist etwas Neues: dass einem das Alter vorgeworfen werden kann. *(Er schlägt auf den Tisch)*
GRASS: Literatur fällt doch nicht vom Himmel. Jeder Autor hat seine Vorgänger, knüpft an. Die Altersfrage kann doch keine Qualitätsfrage sein.

Können Sie sich nicht vorstellen, dass es junge Schriftsteller heute ärgert, dass Sie beide ihnen immer noch das Licht wegnehmen?
WALSER: *(laut)* Es war noch nie so unerlaubt, älter zu werden als arbeitender Mensch, wie jetzt! Und wenn ein Älterer liebt, ist es nicht Liebe, sondern «Altersgeilheit».
GRASS: Meine Erfahrung mit dem, was unter dem Stichwort «Altersgeilheit» läuft, ist die, dass die erotische Liebe im Alter differenzierter wird, sich verlangsamt.
WALSER: Du musst jetzt nicht für die möglichen Freuden des Vollzugs in den späteren Jahren plädieren.
GRASS: Ich sehe das Alter aber zu meiner Überraschung in diesem Bereich als Gewinn an. Doch nicht nur das. Ich habe mit meiner Frau zusammen acht Kinder und eine Vielzahl von Enkelkindern. Dadurch werde ich mit dem jeweils neuesten Jargon vertraut, das ist eine Bereicherung am Rande. Außerdem erlebe ich, dass bei mir die Arbeits- und Schaffensfreude nicht nachlässt. In mir läuft ein ständiger innerer Formulierungs- und Wortsucheprozess ab, der nicht aufhören will.

Wird das Schreiben im Alter einfacher oder schwerer?
GRASS: Einfacher auf keinen Fall. Das Papier ist nach wie vor erschreckend weiß. Man kann nicht wie bei tech-

nischen Berufen auf bestimmten Erfahrungen aufbauen. Das Wagnis, in eine ungeordnete Stoffmasse so etwas wie eine erzählbare Ordnung hineinzubringen, ist für mich ein durch nichts zu ersetzendes Abenteuer. Als ich *Die Blechtrommel*, *Hundejahre* und *Katz und Maus* in einem Zug durchgeschrieben habe über acht Jahre hinweg, hatte ich ein Mangelgefühl von Leben. Ich kam mir vor wie ein Instrument, das nur noch etwas umsetzt. Und ich hatte die aberwitzige Befürchtung, ich müsste das zu Ende bringen, bevor ich jung sterbe. Das war keine Angst vorm Älterwerden, aber vorm Abkratzen, bevor das Buch fertig ist.

Schreiben Sie mit mehr Druck, jetzt, wo die Zeit knapp wird?
GRASS: Nicht mit Druck, eher mit Erstaunen, dass ich allen Wünschen, die in der Öffentlichkeit geäußert werden, zum Trotz in einem Manuskript stecke. Das macht mich fröhlich und macht mich auch überlegen.

Das Alter kann Ihnen nichts anhaben.
GRASS: Es gibt Veränderungen. Ich hätte zum Beispiel im Alter von 50 oder 60 Jahren keine Autobiographie schreiben können. Weil sich die Erinnerung erst altersbedingt umschichtet. Ich kann mein Erinnerungsvermögen heute sehr weit zurück mobilisieren. Wenn Sie mich aber fragen, was vor 14 Tagen war, weiß ich es manchmal nicht. Dann kommt natürlich die Hinfälligkeit dazu, der tapsige Schritt, größere Vorsicht. Der operierende Arzt, der mir einen Bypass ins Bein setzte, stellte ganz begeistert fest, dass in meinem Körper noch genügend Material ist, um weitere Reparaturarbeiten durchzuführen, etwa an den

Herzkranzgefäßen. Ich habe also ein Ersatzteillager im Körper. Das sind späte Erkenntnisse, die mich auch stabilisieren.

Haben Sie, Herr Walser, sich als junger Mensch vorm Alter gefürchtet?
WALSER: Ich habe mir als 30-Jähriger mal notiert: Was mit 50 nicht geschrieben ist, wird nicht mehr geschrieben werden können. Heute habe ich geradezu instinktiv eine Abneigung, dieses Schlagwort auf mich anzuwenden. Ich habe mal in einem Roman eine Figur sagen lassen: «Wer ein Jahr jünger ist, hat keine Ahnung.» Das ist so. Aber alle reden und haben keine Ahnung. Es ist eine öffentliche Manie, jetzt in dieser Weise vom Alter zu reden. Seniorenschwemme, Rentenkatastrophe, Überalterung, das halte ich für Zeitgeistunsinn. Es kann sein, dass man sich in 20 Jahren wieder wie wild fortpflanzt. Auch eine Rentenkatastrophe wird es nie geben. Das behaupten diese Häkler am konkreten Unmöglichen. Das ist Alarmismus, wie es ihn schon immer gab. Eine Saison lang lebt man von einem Alarmgerücht. Sie und Ihre Generation tun heute so, als sei die Fortpflanzung ein unübersteigbarer Wert. Dabei haben Sie selber, Frau Radisch, in Ihrem Buch *Die Schule der Frauen* gesagt, dass man auch die Freiheit zum Untergang haben sollte. Da haben Sie sich intellektuell so verhalten, wie man sich verhalten muss. Dann gestatten Sie es sich aber, zu schreiben, wenn alte Männer sich «amourös verjüngen», sei das ein «biologisch abwegiges Liebesgebaren». Sie erlauben mir, dass ich als phantasierender Autor über diese Einschätzung des Alters in erotischer Hinsicht anderer Ansicht bin.

Vielleicht aber auch als älterer Mann?

GRASS: Martin, jetzt machen wir mal einen Dialog daraus. Was den Alarmismus betrifft, hast du sicher recht. Aber du kommst an bestimmten Fakten nicht vorbei. Die Kinderlosigkeit wird sich trotz der Zeugungswut, die du erwartest, in 30, 40 Jahren bei jenen auswirken, die auf eine Rente angewiesen sind. Ein, zwei Generationen werden davon betroffen sein, dass sehr viele Alte da sein werden und wenige, die für sie aufkommen können.

WALSER: Günter, du sprichst einfach nach, was die dir vorreden.

GRASS: Nehmen wir die Chinesen und deren Einkindpolitik, mit der sie riesige Schwierigkeiten bekommen werden.

WALSER: Das ist doch nur Statistik!

Sie haben sich offenbar nie Sorgen gemacht, wie Sie im Alter über die Runden kommen.

WALSER: Nein, nie! Ich bin letztes Jahr zu zwei empfohlenen Bankhäusern gegangen, Besprechungsthema: Altersvorsorge.

Da sind Sie erst mit 79 hingegangen?

WALSER: Ja. Vorher habe ich, ohne genauer zu rechnen, meine Bücher für meine Alterssicherung gehalten. Das war eine Illusion. Insbesondere weil ich den Verlag gewechselt habe. Die Rechtslage, die durch die Verramschung entsteht, könnt ihr euch nicht vorstellen.

GRASS: Doch, das kann ich mir sehr gut vorstellen! Die halten 150 Exemplare auf Lager, deshalb kriegst du die Rechte nicht frei. Sie können liefern, aber du kriegst nichts.

WALSER: Aber, Günter, keine Gewerkschaft, kein Schriftstellerverband kümmert sich darum!

GRASS: Wie kannst du also sagen, dass ich davon keine Ahnung habe? Ich hab mich ums Urheberrecht gekümmert und mehrfach darüber geschrieben. Und zwar nicht als Gewissen der Nation, sondern weil uns das alle angeht.

WALSER: Hör auf! Ich bin zu den Banken gegangen.

Und was haben die gesagt?

WALSER: Nun, ich habe alles auf den Tisch gelegt. Ich hatte nie solche Einnahmen wie der Günter, aber ich habe die beim Verlag stehen lassen, ich wollte immer nur so viel Geld, wie wir gebraucht haben.

GRASS: Und die Zinsen hat der Verlag gehabt?

WALSER: Der Siegfried Unseld hat immer gesagt, das brauchen wir, um jüngeren Autoren Vorschüsse zu zahlen, oder wenn wir Wolfgang Koeppen … Egal. Und letztes Jahr im Januar habe ich das Konto abräumen lassen. Und die Hälfte davon musste ich dann deinem Staat geben.

GRASS: Meinem Staat? Meinem SPD-Staat, musst du jetzt sagen!

WALSER: Und mit dem verbliebenen Geld mach ich jetzt Altersvorsorge.

GRASS: Martin, du hast vorhin gesagt, ich hätte keine Ahnung von den Chefetagen des Kapitalismus. Das mag stimmen. Aber was du gemacht hast, ist dumm.

WALSER: Das haben mir inzwischen auch Dümmere gesagt als ich. Aber weg damit. Ich wollte sagen: Die Alterseinschätzung überlassen Sie besser den Alten.

Dann erzählen Sie uns doch mal, wie es wirklich ist im Alter.

WALSER: Komm, das ist doch ein Roman! Der Günter hat das angedeutet, ich werde das nicht.

GRASS: Ich habe mehrere Gründe genannt, warum ich das Alter wunderbar finde. Immer mit der Einschränkung, dass ich keine Erfahrung mit Altersgebrechen habe.

WALSER: Das ist das Thema vom Hellmuth Karasek.

Aber haben Sie nicht als Schriftsteller das Problem, dass Sie immer klüger und reflektierter werden und es deshalb immer schwieriger wird, etwas Neues zu schreiben? Schon wir schreiben bei unseren Artikeln gelegentlich von uns selbst ab.

WALSER: Das glaube ich Ihnen nicht. Ihre überkritische Selbsteinschätzung diktiert Ihnen das. Das heißt nur, Sie stammen aus einer ganz bestimmten belasteten Kindheit, das kenn ich. Kein Mensch muss sich etwas vorwerfen, wenn es ihm nicht beigebracht wurde, sich etwas vorzuwerfen. Der Tatbestand ist nie objektiv. Es ist immer eine Beschädigung, die irgendwoher kommt. Da kann ich Ihnen ein Buch empfehlen, das heißt *Selbstbewusstsein und Ironie*: Du musst lernen, ja zu sagen zum Nein der Welt. Das ist alles. Das ist Religion.

Also lassen Sie uns endlich über die Religion reden. In einem Ihrer Aufsätze, Herr Walser, heißt es: «Ich vertraue auf ältere Erbschaften. Natürliche. Unzerstörte. Deren Universalität oder Globalität nur darin besteht, dass der Planet aus lauter lokalen Bemessenheiten besteht. Die Natur ist der Inbegriff des Lokalen, des Hiesigen, also des überall Hiesigen.» Ist das Ihr Glaubensbekenntnis?

WALSER: Das ist kein Glaubensbekenntnis, das ist eine Erfahrung. Natur hat man nur konkret. Schau hier: Dieser Nussbaum, dieser Weidenbaum, das ist das Hiesige, Konkrete, das ist Natur. Da vorne war ein kleines Vögelchen, das noch keine 14 Tage alt war, und im wilden Gras waren ein paar Vergissmeinnicht. Basta. Nur das zählt.

GRASS: Wir stimmen überein! Wunderbar! Aber darf ich dich, Martin, einen Augenblick unterbrechen, wenn das möglich ist, versuchsweise? Aber nicht, dass Sie jetzt wieder wie die *FAZ* schreiben, ich hätte ein Geständnis abgelegt: Ich glaube weder an Gott noch an Götter.

WALSER: *(streichelt Grass den Arm)* Das musst du nicht sagen, Günter.

GRASS: Nein, nein, nein, das ist ja erst der Anfang eines Satzes! Ich stehe, auch das ist eine Folge des Alters, staunender.

WALSER: Gut!

GRASS: Staunender vor der Natur, auch vor der beschädigten Natur. Es mischt sich jetzt, was Religion und Alter betrifft: Ich nehme den Wechsel der Jahreszeiten deutlicher wahr, mit mehr Erstaunen als in jüngeren Jahren.

WALSER: Du könntest ruhig mal einen Satz ohne das Wort Alter sagen!

GRASS: Ich steh ja dazu. Und dabei bleibt's auch. Ich habe nur eine Bitte an alle Monotheisten und Vielgötteranbeter: dass sie meinen Unglauben tolerieren, wie ich ihren Glauben toleriere.

WALSER: Wenn ich heute Abend bei dir bleiben könnte und nicht zurückmüsste, würde ich …

GRASS: Würdest du mich bekehren!

WALSER: Würde ich mit dir über das Wort Unglauben sprechen.

GRASS: Ich habe ja einen Glauben. Dass alles, was da ist, alles Lebendige, zählt. Und dass jeder dem gegenüber auch ein Verantwortungsgefühl hat.

WALSER: *(klopft ungehalten mit der Hand an die Banklehne)* Ah, komm, dies Wort Verantwortungsgefühl ist ein solcher Ladenhüter.

GRASS: Lass mich doch! Ein Teil meiner gesellschaftlichen Bestrebungen bis ins Schreiben hinein kommt natürlich aus diesem Verantwortungsgefühl! Du kannst sagen, das ist vorbei, aber nehmen wir mal das Waldsterben: Dem bin ich auf den Grund gegangen und zeichnend in die Kammlagen des Harzes gestiegen. Und habe gesehen, wie die Wälder aussahen. Und immer noch aussehen. Übrigens: Das Wort Angstblüte kommt daher. Das machen die Bäume, wenn sie absterben. Das hättest du bei mir in *Totes Holz* nachlesen können. In ihrer Panik vor dem Tod schmeißen sie auch noch mit Samen um sich.

WALSER: Toll, Günter.

Aber die große Frage, von der alles Religiöse abhängt: Zufall oder nicht Zufall?, ist damit ja nicht beantwortet.

GRASS: Ein Narr nur kann leugnen, dass im Wechsel der Jahreszeiten, im Verhalten der Tiere, wie sie sich an veränderte Gegebenheiten anpassen, nicht eine Gesetzmäßigkeit waltet.

WALSER: *(pocht wieder ungehalten)* Diese Frage musst du sofort so beantworten: Zufall ist immer eine nicht durchschaute Gesetzmäßigkeit. Ist doch klar. Nie sich solche Fragen anziehen! Günter, das Wort Unglauben aus deinem Mund, mit deiner Vergangenheit, mit deinem Verhältnis zur ganzen Tradition. Ich möchte dir ein Wort vermitteln, ist ja nicht von mir, aber vielleicht sagt dir der

Satz etwas, von Kierkegaard: «Die Größe des Glaubens ist immer kenntlich an der Größe des Unglaubens.» So. Nur dass du weißt, wovon du redest.

Und was glauben Sie, woran Grass glaubt?
WALSER: Man muss das doch nicht verinhaltlichen! Das ist so viel, so schwierig. Mich können Sie auch nicht fragen: Was meinen Sie mit Gott?
GRASS: Du hast aber heute viele Meinungen geäußert.
WALSER: Jetzt müssen wir doch noch zu einer neuen Definition von Meinung kommen: Meinung ist immer eine noch nicht geprüfte Erfahrung.
GRASS: Dann hast du heute einige noch nicht geprüfte Erfahrungen geäußert. Das ist aber auch dein gutes Recht, Martin. Und das ist es, was ich an ihm so liebe. Unter anderem. Aber auch – entschuldige, dass ich das Wort Alter gebrauche –, dass wir bis ins hohe Alter hinein immer noch staunen können. Das hält uns beide weiterhin kreativ.
WALSER: Das Wort kreativ mag ich nicht. Kreativ ist jede Werbeagentur.
GRASS: Du schreibst ein Buch nach dem anderen.
WALSER: Aber nicht kreativ. Sondern weil mir etwas fehlt.

Schreiben ist also eine Mangelerscheinung?
WALSER: Mir fällt ein, was mir fehlt. Basta.

Was ist Ihr Schreibantrieb, Herr Grass?
WALSER: Günter hat immer geschrieben, weil er zu viel hatte.
GRASS: Es gibt bei mir mehrere Antriebe. Weil ich etwas genauer wissen will, bei mir selbst oder auch gesellschaftliche Dinge. Und dann auch dieser offenbar angeborene

Drang *(Walser nickt sehr heftig)*, dass in mir drin ständig etwas auf Wörtersuche ist.

WALSER: Das mit dem Mangel ist natürlich unvollständig. Mein Haupttrieb ist: etwas so schön sagen, wie es nicht ist. Jeder Roman wirft einen weißen Schatten. Deshalb bin ich Dostojewskij-Leser oder Nietzsche-Leser: weil es so schön wie dort nirgends ist.

Haben Sie bei Ihrer Hingabe an die Kunst Ihr Leben zu kurz kommen lassen?

WALSER: Aaach, das hat Thomas Mann schon sentimental genug formuliert, im *Tonio Kröger*. Das Leben darzustellen, ohne an ihm teilzunehmen, das ist bürgerliche Sentimentalität. Das ist bürgerlicher Quatsch, Kunst und Leben in einen Gegensatz zu verwandeln. Das Leben wird nur erträglich durch die Verlängerung in die Kunst. Nietzsche: Die Welt ist nur gerechtfertigt als ästhetisches Phänomen.

Machen Sie sich eigentlich Sorgen um Ihren Nachruhm?

WALSER: Selbst wenn ich mir welche machte, würde ich sie jetzt nicht ausplaudern.

GRASS: Sorgen habe ich auch keine. In der Literatur gibt es Phasen des Vergessens und des Wiederentdeckens. Wir erleben das ja mittlerweile sogar bei lebenden Autoren, wie durch Machenschaften, durch Aufkäufe von Verlagen Autoren der mittleren Generation, wie Herburger etwa, völlig in Vergessenheit geraten sind. Eine Ungerechtigkeit, die nichts mit der Qualität der Bücher zu tun hat.

Und Sie haben keine Vermutung, was von Ihnen bleiben könnte?

GRASS: Im Gegensatz zu Ihrer Kritik seinerzeit, Frau Radisch, glaube ich, dass zum Beispiel *Ein weites Feld* noch Interesse erregen könnte, wenn man auf erzählerische Weise erfahren will, wie das war in den Jahren 1989/90. Und auch ein Buch, das in Deutschland total verrissen wurde wie *örtlich betäubt*, das über die Situation 1967/68 schreibt, über den verbalen Radikalismus auf der linken Seite wie bei der Springer-Presse.

WALSER: Über die historische Belangbarkeit hinaus sind Bücher eine Daseinssteigerung. Und wenn jemand mit meinen Büchern so etwas erlebt, bin ich sehr froh. Das kann man aber nicht beabsichtigen, denn das Schreiben ist das Unwillkürlichste, was es gibt.

GRASS: Insgesamt bin ich eher skeptisch, da muss man sich nur umgucken, wie wir mit unseren sogenannten Klassikern umgehen. Ein Autor wie Jean Paul.

WALSER: Nein, Entschuldigung, ein Autor wie Jean Paul wurde von mir gelesen! Das genügt doch für ein ganzes Jahrhundert. Der hat nicht umsonst gelebt, ich war seine Auferstehung.

Wir sind vor über vier Stunden losmarschiert bei Ihrem ersten Treffen 1955.

WALSER: Da hatte ich einen Anzug an, 1955, das hast du natürlich vergessen, aber es gibt ein Foto. Einen Anzug mit Schalkragen. Was es da heute mit diesem gezackten Kragen gibt, das war mir widerlich. Ich bin zu meinem Wasserburger Schneider, Herrn Hörer, und hab gesagt: Mach mir einen Anzug mit einem runden Schalkragen. Und er hat mir einen gemacht, der Meister Hörer in Wasserburg. Und den trug ich in Berlin, kriegte den Preis und wurde mit Ingeborg Bachmann und Böll zusammen fotografiert. Das musst du dir mal vorstellen. Das ist jung sein. Es ist dir völlig egal, dass niemand außer dir einen Schalkragen trägt am Nachmittag. Diese vollkommene Rücksichtslosigkeit auf Reaktionen der Welt.

GRASS: Ich weiß nicht mehr, was ich anhatte. Ich kam in die Kaffeepause herein, und die Kellnerin fragte: Sind Sie auch Dichter? Und ich habe laut und deutlich ja gesagt. Und Hans Werner Richter hat mir dann vor meinem Auftritt noch geraten: Lesen Sie laut und deutlich. Daran habe ich mich gehalten, bis heute.

Aber hatten Sie nicht einen literarischen Ehrgeiz, einmal ein bestimmtes Ziel zu erreichen?

WALSER: Ich wollte einen Schalkragen. Und der war sehr gut. Günter, du hast zu Beginn gefragt, ob ich denn deine Lesung anno 55 gar nicht gehört hätte. Ich habe. Trotz Schalkragen. Und ob du es glaubst oder nicht: Es war ein Ansturm der reinen Poesie!

MARCEL REICH-RANICKI

«Ich bin nicht glücklich.
Ich war es nie in meinem Leben.»

Mit Marcel Reich-Ranicki verbindet mich eine lange Geschichte. Im Jahr 1988 schickte er mir ein Buch zur Re-
zension und gab mir ein paar gute Ratschläge für mein
Debüt als Literaturkritikerin: «Schreiben Sie verständlich
und unterhaltsam.» Damals war er seit fünfzehn Jahren
der gefürchtete Literaturchef der *Frankfurter Allgemeinen Zeitung*. Meine Kritik hat er nicht gedruckt, aber
seinen Rat habe ich nicht vergessen.

Als ich drei Jahre später Literaturchefin bei der *ZEIT*
war, rief er mich häufig an. «Meine Liebe, was halten Sie
von diesem Buch?» Er wollte jede Menge Klatsch hören:
«Haben Sie etwa mit Reinhard Baumgart geschlafen?»
Solche Dinge interessierten ihn genauso wie die Literatur.
Manchmal sogar ein wenig mehr.

Im Sommer 1999 erschien seine Autobiographie *Mein
Leben*. Er erzählt darin von seiner jüdischen Kindheit
in Polen, seiner Schulzeit in Berlin, wo er 1938 noch das
Abitur ablegen konnte. Seine Frau Teofila lernte er im
Warschauer Ghetto kennen, gemeinsam gelang ihnen die
Flucht. Als ich ihn gemeinsam mit meinem Kollegen Ul-
rich Greiner kurz vor seinem 90. Geburtstag im Sommer
2010 besuche, ist das Buch bereits verfilmt worden. Obwohl er sich immer sehr wohlwollend über die Verfilmung

geäußert hat («Dieser Film ist das, was ich erträumt, aber nicht zu hoffen gewagt habe»), vertraut er uns nun an, dass ihm der Film in Wahrheit überhaupt nicht gefalle, ja sogar «eine große Enttäuschung» für ihn gewesen sei. Eine ähnliche Altersradikalität hatte er bereits zwei Jahre zuvor bei der Verleihung des Deutschen Fernsehpreises an den Tag gelegt, als er vor laufender Kamera den ihm zugedachten Ehrenpreis ablehnte, weil er den «Blödsinn», den man ihm während der Verleihungsgala geboten hatte, unerträglich fand. Erst kurz vor dem Ende wagte er zu sagen, was er wirklich dachte.

Reich-Ranicki war ein Mensch, der mit der Welt vor allem übers Telefon verkehrte. Es war gewissermaßen die Nabelschnur, die ihn mit dem Stoff versorgte, nach dem ihm am meisten verlangte: Neuigkeiten. Während meiner Jahre in seinem legendären *Literarischen Quartett* war ich zu keiner Tages- und Nachtstunde vor seinen Anrufen sicher. Sie gehorchten einer immer gleichen Dramaturgie: Er sprach ohne jede Begrüßungsformel sofort los und beschloss das mehr oder weniger endlose Gespräch dann plötzlich mit einem beherzten «Adieu» oder «Kopf hoch».

Mich erstaunte, dass ihn der öffentliche Rummel um das *Quartett* überhaupt nicht interessierte. Ihn interessierten die Bücher, am meisten (so kam es mir bei den langen Telefonaten vor) die von Thomas Mann und ein wenig auch die in unserer nächsten Sendung. Wir sahen uns zu den Aufzeichnungen in Salzburg, Wien, Berlin, Hamburg, Köln, Wiesbaden oder Travemünde. Dabei gab es eine klare Regel: Vor der Sendung kein Wort über die Sendung. Keine Nervosität, keine Notizzettel. Man plauderte stattdessen über Theateraufführungen und Konzerte, über Kollegen und Lektüren. Das Fernsehen, die Fotografen, die Kameras, der Puder, der ganze Fernsehquatsch waren ihm im Grunde lästig.

Ich glaube, dieser Gleichmut ist wie ein Schatten aus der Vergangenheit. Er hatte mit ansehen müssen, wie seine Eltern auf dem Warschauer Umschlagplatz mit der Peitsche zum Abtransport in die Vernichtungslager getrieben wurden. Im Vergleich dazu waren die Abende vor einen Millionenpublikum dann Nebensache. Das Fernsehen war für ihn ein eher zufälliges Überlaufgefäß für seine immense Überlebenskraft.

Denn das kann ich bezeugen: Er sprach am Telefon nicht anders als in seinen besten Sendungen – temperamentvoll, druckreif, pointiert. Er war nicht eitel oder selbstgefällig. Der Esprit eines Gespräches war ihm wichtig und nicht das Theater, das um ihn veranstaltet wurde. Manchmal hatte ich das Gefühl, dass sich hinter seinem rastlosen Bemühen um Unterhaltsamkeit und Anerkennung auch die Melancholie eines Menschen verbarg, der mit der Welt zwar häufig in heftigem Streit, aber nicht wirklich in Berührung war. In unserem Gespräch klagte er über seine Einsamkeit, während ununterbrochen das Telefon klingelte.

An diesem Nachmittag in seiner Wohnung in der Frankfurter Gustav-Freytag-Straße sehe ich ihn zum letzten Mal. Genauso wie seine Frau Teofila. Wir sitzen im Wohnzimmer auf dem berühmten schwarzen Ledersofa. Reich-Ranicki thront auf einem elektrisch verstellbaren Sessel. Neben sich griffbereit: das Telefon, die Fernbedienung für den Sessel, die Fernbedienung für den Fernseher. Teofila sitzt im Nebenzimmer und zeichnet ihre Pflegerin. Sie ist zehn Monate nach unserem Besuch im Alter von 91 Jahren gestorben. Ihr Mann, der in unserem Gespräch kaum noch Lebenslust zu haben scheint, überlebt sie um zwei Jahre und stirbt am 18. September 2013 in einem Frankfurter Pflegeheim, 93 Jahre alt.

Wie geht es Ihnen?
Das Leben ist scheußlich, wenn man alt ist. Sehr unangenehm. Ich kann Ihnen nur sagen, es ist kein Vergnügen, so alt zu sein.

Sie blicken auf eine gewaltige Lebensstrecke zurück. Als Sie 1974 zur *FAZ* kamen ...
73!

Jetzt sitzen wir hier wie Großvater, Vater und Kind. Gefällt Ihnen das?
Das ist mir zu kompliziert. Ich kann Ihnen nur sehr schwer folgen.

Ihre Schüler gehen in Rente, und Ihre Enkel bekommen langsam weiße Haare. Sie haben eine unglaublich lange Zeit die Literaturkritik dominiert. Wer sind Ihre Nachfolger, Ihre Zöglinge?
Weinzierl, Hage, Wittstock.
    Das Telefon klingelt. Er hebt ab.
Ja. Liebling, ich war so lange bei Petra Roth. Gibt es irgendetwas Neues? Was soll ich mit diesem Botschafter? Kommen Sie morgen um elf. Ja, dieser Lyriker hat auch wieder angerufen. Dieser Lentz. Ja, ja, ja. Ich finde diese Lyrik nicht sehr gut, jedenfalls nicht für die Frankfurter Anthologie. Kommen Sie um elf.

Er legt auf. Zu seinen Besuchern:
Das war Kathrin Fehlberg. Sie ist sehr gut. Meine Sekretärin. Eine Germanistin. Ein Zögling von Thomas Anz. Der
holländische Botschafter will mir einen Orden verleihen.
Im Namen der Königin. Völlig überflüssig.

Lesen Sie noch gerne?
Ich lese die *ZEIT*, den *SPIEGEL*, häufiger als früher. Ich
lese Zeitungen.

**Wo ist Ihre Liebe zur Literatur geblieben? Lesen Sie die
deutschen Gegenwartsromane?**
Selten.

Liegt das an den Romanen oder an Ihnen?
Das hat etwas mit mir zu tun. Ich frage mich: Muss ich
schon wieder einen Roman lesen?

**Haben Sie das Gefühl, die Literatur der Gegenwart
spricht nicht mehr zu Ihnen?**
Ja, ja, ja, so ist es.

Und Sie vermissen die Literatur nicht?
Das Ganze steht im Schatten einer einzigen Tatsache.
Dass ich jetzt neunzig Jahre alt werde. Es ist scheußlich.

Das hat Ihnen die Lust an den Büchern genommen?
Das hat mir die Lust an allem weggenommen. An allem.

Weil alles keine Zukunft hat?
Das ist ja noch milde ausgedrückt. Keine Zukunft! Es ist
schon eine Zukunft da. Aber die ist der Tod. Als meine

Frau und ich uns mit zwanzig Jahren kennengelernt haben, war es sehr unwahrscheinlich, dass wir überleben. Wenn wir uns vorgestellt haben, wie wird das sein, wenn wir achtzig sind ... oh Gott! Aber neunzig? Neunzig! Schrecklich, schrecklich.

Und es gelingt Ihnen nicht, diese lange Lebenszeit als Ernte einzufahren und stolz zu sein auf Ihre großen Leistungen und Ihr Leben?
Sie wollen von mir, dass ich von Zufriedenheit spreche. Sie wollen hören, ja, ich bin zufrieden, ich habe dies erreicht, ich habe das erreicht. Das ist nicht zu haben. Na ja, Kinder, was wollt ihr?

Sie sind der wichtigste Literaturkritiker Deutschlands. Jeder Tankwart kennt Sie, wie Sie zu sagen pflegen.
Ja, das stimmt. Ich hatte Freude daran, dass jeder Tankwart mich kannte. Viele Leute haben mich gekannt. Aber das ist vorbei. Das war so. Ich komme heute in mein Büro bei der *FAZ*. Und es gibt da junge Leute, die kennen mich nicht. Die gehen an mir vorbei, die gucken mich nicht einmal an.

Schmerzt Sie das?
Es verwundert mich. Es gibt nur noch zwei Menschen, die ich in der *FAZ* kenne.

Liegt es am Gang der Zeit, dass die Jugend die Alten vergisst, oder liegt es daran, dass die Art der Literaturkritik, für die Sie stehen, nicht mehr gefragt ist?
Ihr stellt Fragen, die sehr berechtigt sind, aber ich kann sie nicht beantworten.

Vom Urteil der Literaturkritik hängt heute nicht mehr so viel ab wie zu Ihrer Zeit. Es ist eine große Versöhnlichkeit eingetreten. Bei Ihnen ging es um mehr.
Sprechen Sie weiter! So ist es. So wie Sie es sagen, stimmt es ganz genau. Trotzdem mache ich immer weiter. Ich mache die Frankfurter Anthologie, ich schreibe jede Woche meine Kolumne für die *Frankfurter Allgemeine Sonntagszeitung.*

Aber nicht mehr mit derselben Freude?
Nein, nicht mehr mit derselben Freude. Ich bin nicht glücklich. Ich bin überhaupt nicht glücklich. Ich war es nie in meinem Leben. Ich war es nie. Ich war nie in meinem Leben glücklich. Das ist etwas, was ich nicht kenne. Und es gibt noch etwas, was ich nicht kenne. Ich kenne keinen Stolz. Alle fragen mich: Sind Sie stolz? Aber das Wort Stolz ist mir nicht bekannt.

Waren Sie nicht stolz, dass Ihr Leben sogar verfilmt wurde?
Ach, der Film war für mich eine große Enttäuschung.

Sagen Sie das nicht zum ersten Mal? Sie haben den Film doch immer gelobt?
Natürlich habe ich ihn gelobt. Aber aus dem Film hätte man etwas ganz anderes machen können.

Was war falsch, zu viel Unterhaltung?
Im Gegenteil. Zu wenig Unterhaltung. Ein enttäuschender Film. Er hat mich nicht berührt.

Die Unterhaltung ist Ihnen wichtig. Als Literaturchef der *FAZ* haben Sie darauf Wert gelegt, dass Literaturkritiken unterhaltsam und verständlich sein müssen. Der Leser war Ihnen sehr wichtig. Ihre Liebe zur Literatur war nie so blind, dass Sie die Leser aus den Augen verloren hätten.
Das war mir immer wichtig. Ich habe das von der Theaterkritik. Alfred Kerr, Herbert Ihering, Siegfried Jacobsohn, Julius Bab, die schrieben alle für das Publikum.

Und das hat Sie nie ermüdet, immer verständlich sein zu müssen?
Was heißt hier verständlich sein müssen, ich wollte verständlich sein. Ich wollte den Leuten mitteilen, dass *Kabale und Liebe* ein sehr wichtiges Stück ist. Dass Shakespeare ein großartiger Autor ist.

Die Leute könnten sich doch auch ein bisschen anstrengen, um das zu verstehen.
Nein, es ist wichtig, mit der Kritik Erfolg zu haben. So wie die Theaterkritik. Alfred Kerr hatte eine große Wirkung auf mich. Der war interessant, der war lebendig.
Das Telefon klingelt.
Ja. Ja. Ach, Lieber, muss das sein. Also, jetzt in diesen Tagen geht das nicht. Nein, nein, nein, diese Woche bin ich vollkommen belegt. Dann rufen Sie mich nächste Woche an, dann werden wir uns verabreden. Rufen Sie mich an, gut, adieu.

Sie haben häufig davon gesprochen, dass Ihre Karriere in der Bundesrepublik auch von Antisemitismus überschattet war. Nehmen Sie wahr, dass es inzwischen in

Deutschland junge Autoren gibt, die sich sehr deutlich zu ihrer jüdischen Kultur bekennen?
Wen meinen Sie?

Maxim Biller zum Beispiel.
Der ist mir sehr fremd. Irgendjemand hat mir gerade geschrieben, Biller habe mich in einem Buch interessant beschrieben.

Er porträtiert Sie in seinem Buch *Der gebrauchte Jude* als jüdischen Außenseiter und Einzelgänger.
Mag er das schreiben. Mag er das vermuten. Ich habe damit nichts zu tun. Überhaupt nicht, aber überhaupt nicht. Vergessen Sie bitte nicht, die Juden in der deutschen Literatur haben eine enorme Rolle gespielt. Heine oder Tucholsky. Solche Figuren haben mich interessiert. Oder denken Sie an einen Mann, der mich nicht leiden konnte, den ich nicht leiden konnte: Hans Mayer. Da war vieles enorm.

Sie empfinden sich also selber nicht als Außenseiter?
Jetzt passen Sie mal auf. Ich bin in Polen in der Ortschaft Włocławek geboren. Mein Vater war ein polnischer Jude, meine Mutter war eine deutsche Jüdin. Meine Eltern beschäftigten sich mehr mit Musik als mit Literatur. Ich habe sehr viel gelesen, von Anfang an. Ich kam nach Deutschland, ich wurde in kurzer Zeit, in sehr kurzer Zeit der beste Deutschschüler. Und natürlich war ich als der glänzende Deutschschüler in der Schule ein Außenseiter.

Wegen des Jüdischen, wegen des Polnischen oder wegen der glänzenden Begabung?
Wegen allem zusammen. Ich habe als Vierzehnjähriger

meine Lehrer verrückt gemacht, wenn ich gesagt habe, das stimmt nicht, das steht nicht im *Faust*, das steht in der *Iphigenie*. Es gab in der Schule keinen großen Unterschied zwischen jüdischen und nicht jüdischen Schülern. Aber da war ein einziger Schüler, das war dieser Reich. Er war der Einzige, der die deutsche Literatur wie kein anderer kannte. Das war die Sonderrolle. Das war ganz klar.

Haben Ihre Eltern diese besondere Begabung erkannt?
Meine Mutter hat sie erkannt. Das Erste, was sie mir schenkte, war eine Ausgabe des *Wilhelm Tell*.

Sie sprechen häufig besonders liebevoll von Ihrer Mutter. In Ihrer Autobiographie *Mein Leben* bleibt Ihr Vater ganz im Hintergrund, erscheint als Versager. War das so?
Der Vater war ein gütiger Mensch. Aber Sie haben recht, ein Versager.

Und Sie wollten kein Versager sein.
Ja, das wollte ich auf keinen Fall sein. Ich hatte nach dem Krieg keinen Beruf. Ich hatte keine Arbeit.

Da hat Sie die Literatur gerettet.
Nein, sie hat mich nicht gerettet. Es war überhaupt nicht klar, was ich machen sollte. In Warschau war ich ein vollkommener Außenseiter. Es war klar: Ich habe in Polen nichts zu suchen. Ich musste aus Polen raus. Ich bin allein hierhergekommen. Meine Frau und unser Sohn waren noch in England. Ich bin mit einem Wörterbuch hierhergekommen, mit einem deutsch-polnischen Wörterbuch in zwei Bänden. Es steht hier, ich kann es Ihnen zeigen. Es ist das beste und älteste deutsch-polnische Wörterbuch,

aus dem Jahr 1905. Die große Frage war, wovon werde ich leben? Die Hoffnung war, ich werde leben, weil ich die Wörterbücher habe. – Warum lachen Sie? Ich habe diese beiden Wörterbücher hier stehen. Ich habe sie nicht einen Augenblick verwendet. Sie lagen immer da, und sie liegen da bis heute.

Ihre ersten Artikel in Deutschland haben Sie dann für die *Welt* geschrieben.
Die wollten das einfach haben.

Bald kamen Sie zur *ZEIT*.
Ich war bei der Gruppe 47. Ich war da kurz und habe gesagt, was ich von irgendeiner Erzählung halte. Daraufhin hat mich Rudolf Walter Leonhardt sofort engagiert. Aber die Redaktion hat mich nie im Haus haben wollen.

In seinem Buch zum 50-jährigen Bestehen der *ZEIT* hat Karl-Heinz Janßen geschrieben, man habe Sie für «rabulistisch» gehalten. Wollen Sie aus diesem Nebensatz wirklich schließen, die gesamte *ZEIT*-Redaktion sei antisemitisch gewesen?
Nein, das will ich nicht. Aber ich muss Ihnen eine merkwürdige Geschichte erzählen. Die *ZEIT* hatte einen Mitarbeiter in Zürich, François Bondy. Der wurde zu Konferenzen nach Hamburg eingeladen. Einer wurde nicht eingeladen, einer kam nicht rein, das war ich. Ich war nie einen Tag, eine Stunde in der Redaktion. Mitarbeiter kamen von weit her, ich saß in Hamburg-Niendorf und durfte nicht kommen. Ich bin nicht geduldet worden. Ist das Antisemitismus? Ich weiß es nicht.

Es war Joachim Fest, der Sie dann zum Literaturchef der *FAZ* gemacht hat. Später haben Sie sich mit ihm entzweit. In Ihrer Autobiographie erzählen Sie, wie Sie von Fest zur Präsentation seines Hitler-Buches in Wolf Jobst Siedlers Haus in Berlin eingeladen worden seien und wie sie Albert Speer unter den Gästen erblickt hätten. Sie haben das Fest und Siedler verübelt. Aber Sie hätten sich auf dem Absatz umdrehen und gehen können.

Als ich Albert Speer sah, kam er schon auf mich zu. Er wurde mir von Wolf Jobst Siedler in die Arme geschoben. Speer war bezaubernd zu mir.

Haben Sie mit ihm gesprochen?

Ja, ich habe mit ihm gesprochen.

Worüber?

Das weiß ich nicht mehr.

Das Telefon klingelt.

Ja. Ja. Liebe, ich freue mich, dass du hier bist. Hast du irgendwelche Neuigkeiten erfahren? Oje, oje. Ich werde die Herrschaften hier fragen, ob sie das für möglich halten. Also, ich werde morgen mit dir telefonieren, adieu.

Er legt auf. Zu seinen Besuchern:

Folgende Sensation. Bei Hanser erscheint im August ein Buch von dem Autor Gstrein, haben Sie davon gehört? Es soll ein Roman über die Suhrkamp-Verlegerin Ulla Berkéwicz sein.

Und das interessiert Sie?

Ja, so was interessiert mich.

Was ist denn daran interessant?
Was hat mir diese Frau angetan! Eine unglaubliche Figur. Sie wollte die Frankfurter Anthologie nicht mehr im Insel Verlag haben. 33 Bände sind erschienen. Verrückt.

Wird sie den Suhrkamp Verlag zugrunde richten?
Vorläufig hat sie die Frankfurter Anthologie zugrunde gerichtet. Aber die erscheint jetzt bei S. Fischer. Die Berkéwicz glaubt, ich sei daran schuld, dass ihre Bücher nicht erfolgreich sind. Was hat Unseld mit mir geredet! Kannst du nicht was für die Ulla tun, kann die Ulla nicht einen Preis bekommen.

Aber Sie sind unbestechlich.
Ja, ja.

Erinnern Sie sich an die Sendung im *Literarischen Quartett*, in der Sie Ulla Hahn verrissen haben, obwohl Sie ihr Entdecker waren?
Ich hätte das Buch nie in die Sendung nehmen sollen. Ich war zu scharf.

Und die legendäre letzte Sendung mit Sigrid Löffler. Haben Sie hinterher nie gedacht, dass Sie ihr unrecht getan haben?
Nein! Ich hätte sie nie ins Quartett lassen sollen. Eine tief unanständige Frau.

Interessieren Sie sich noch dafür, wer den Literaturnobelpreis bekommt? Was halten Sie von Herta Müller?
Zu Herta Müller möchte ich mich nicht äußern.

Und Elfriede Jelinek?
Was war das? War das Literatur? Ich weiß es nicht.

Sie wissen es.
Damals war ich schon nicht mehr so konsequent an Literatur interessiert. Jelinek hat mich nicht sehr interessiert. Das ging mich nichts an. – Aber sagt mal, wollt ihr meine Frau jetzt mal begrüßen?
   (Das Telefon klingelt. Reich-Ranicki telefoniert im angrenzenden Arbeitszimmer.)

Frau Reich-Ranicki, Ihr Mann hat sich bei uns beklagt, dass ihn keiner mehr kennt, dass sich niemand mehr für ihn interessiert. Dabei klingelt hier dauernd das Telefon.
FRAU REICH-RANICKI: Ja, das Telefon klingelt ständig. Ich freue mich für ihn, dass er noch so viele Kontakte hat.

Ihr Mann redet dauernd davon, dass er so einsam sei. Aber er kann es gar nicht zu Ende aussprechen, weil schon wieder das Telefon klingelt.
FRAU REICH-RANICKI: Gott sei Dank.
REICH-RANICKI: *(ruft aus dem Arbeitszimmer)* Kann jemand helfen? Das Faxgerät funktioniert nicht.
   Während die Besucher den versehentlich gezogenen Netzstecker wieder am Gerät befestigen, stellen sie fest: Im einst mit Büchern überfüllten Arbeitszimmer sind die meisten Regale leer.

Herr Reich-Ranicki! Was haben Sie mit Ihren Büchern gemacht?
Viele habe ich weggegeben, die, die ich nicht mehr brauche.

ANTONIO
TABUCCHI

«Meine Arbeit ist gemacht.»

Es ist ein kalter, regnerischer Sonntag im November 2011, als ich Antonio Tabucchi in seiner Wohnung in der Rua do Monte Olivete in Lissabon besuche. Am Tag zuvor hat der italienische Ministerpräsident Silvio Berlusconi seinen Rücktritt eingereicht. Überall in Italien und auch in der Rua do Monte Olivete wurde an diesem Abend gefeiert. Die Familie Tabucchi hat eine Flasche Wein geöffnet und danach die erste Sinfonie von Furtwängler aufgelegt.

Mein Besuch bei dem berühmten italienischen Schriftsteller findet nicht zufällig am Tag nach dem Rücktritt des italienischen Ministerpräsidenten statt: Antonio Tabucchi ist einer der profiliertesten öffentlichen Gegner Silvio Berlusconis. In Italien hält das Professorenehepaar Tabucchi es deswegen kaum noch aus. Das Familienanwesen in Pisa steht seit langem leer, eine Nachbarin öffnet von Zeit zu Zeit die Fenster. Das Ehepaar zieht es vor, sich auf seine Wohnsitze in Lissabon und Paris zurückzuziehen. Für das kommende Jahr ist ein längerer Aufenthalt in Berlin geplant – das Manuskript eines gerade begonnenen Berlin-Romans liegt bei meinem Besuch aufgeschlagen auf einem Sekretär am Fenster.

Doch zu dem Berlinbesuch wird es nicht mehr kommen: Antonio Tabucchi gibt mir an diesem Novembersonntag sein letztes Interview. Vier Monate später stirbt er in Lissabon. Das Gespräch mit dem 68-jährigen Autor, das ursprünglich nicht als Lebensendgespräch gedacht war, sondern vor allem das politische Resümee eines gesellschaftlich engagierten Schriftstellerlebens ziehen wollte, wird zu einem Vermächtnis.

Antonio Tabucchi ist in Hochform. Seine schönen melancholischen Augen blitzen, mit lauter und vor Empörung bebender Stimme zählt er alle Sünden Berlusconis auf, nennt alle Helfershelfer, die dazu beigetragen haben, die letzten zwanzig Jahre seines Lebens zu vergiften und Italien zu ruinieren. Auf das Gespräch hat er sich vorbereitet: Zigaretten, Notizen, Notebook und Papier liegen bereit. Auch Signora Tabucchi nimmt an der Unterredung teil. Sie soll alle Namen, die im Gespräch auftauchen, notieren. Es werden viele sein. Antonio Tabucchi ist es wichtig, dass niemand vergessen wird aus der Bande, die Berlusconi nach oben getragen, ihn unterstützt, ihm nach dem Munde geredet hat.

Hätte ich geahnt, wie kurz die verbleibende Lebenszeit des Autors noch sein wird, hätte ich ihn nach seinen Romanen gefragt, in denen zartfühlende Menschen ihren von Zypressen gesäumten Gedanken nachhängen. Ich hätte mit ihm über den portugiesischen Dichter Fernando Pessoa gesprochen, über den er Bücher geschrieben hat. Ich hätte diesen kostbaren Nachmittag niemals nur der Albtraumfigur seiner letzten Lebensjahrzehnte gewidmet.

Im Nachhinein zeigt sich die Tragik dieses ungleichen Zweikampfes zwischen dem sensiblen Gentleman aus dem konservativen italienischen Kulturbürgertum und dem vulgären, schwerreichen Emporkömmling noch deutlicher: Tabucchi hatte kaum Gelegenheit, ein neues,

vom italienischen Despoten befreites Kapitel seines Lebens aufzuschlagen. Sein Lebensende bleibt überschattet
von der quälenden Dummheit eines Kleinbürgers, der das
alte Herzland der europäischen Kultur mit seinem privaten Disneyland verwechselt hat.

**Sie sind einer der berühmtesten lebenden italienischen
Schriftsteller und leben hier in Lissabon wie im Exil.
Warum?**
Das liegt an dem Zerstörungswerk, das Berlusconi, ohne
von Europa daran gehindert zu werden, in Italien vollbracht hat. Europa hat siebzehn Jahre lang tatenlos zugesehen, wie er sein politisches und ökonomisches Imperium errichtet hat.

**Europa mag dabei zugesehen haben, aber die Italiener
haben ihn gewählt.**
Berlusconi hatte es von Anfang an darauf abgesehen, das
moralische und ästhetische Empfinden der Italiener zu
zerstören und ihr Bewusstsein zu attackieren. Mit ihm
kamen der Dreck und die Hässlichkeit ins italienische
Leben. Er hat das Trash-Fernsehen erfunden, und Bettino Craxi hat ein Gesetz verabschiedet, das dieses Fernsehen begünstigt hat. Er hat an die niedersten Instinkte
des Volkes appelliert. Leider hat die italienische Linke
das alles geschehen lassen. Ja, sie hat ihn sogar eingeladen, an der Änderung der italienischen Verfassung
mitzuwirken. Einer der reichsten Männer der Welt sollte an der italienischen Verfassung herumfummeln! Dank
der Linken wurde Berlusconi ein honoriger Repräsentant Italiens.

Berlusconi wurzelt geistig im Kleinbürgertum der fünfziger Jahre. Er war Sänger auf Kreuzfahrtschiffen, bevor er Italien eroberte. Warum haben die italienischen Eliten diese Machtergreifung eines Parvenüs nicht verhindert?
Sie waren von ihm begeistert. Allen voran die italienischen Industriellen, für die Berlusconi der kommende Mann war, weil er die Steuern gesenkt hat. Aber auch die katholische Kirche hat ihn unterstützt, weil er das ausgezeichnete laizistische Schulsystem in Italien zerstören wollte. Der Vatikan hat im Berlusconismus sein wahres Gesicht gezeigt, genau wie in der Nazizeit.

Warum war gerade Italien für eine Figur wie Berlusconi so anfällig?
Ich glaube, es liegt an der fehlenden Trauerarbeit. In Deutschland hatten Sie die Nürnberger Prozesse, wir hatten nichts dergleichen. In Deutschland gibt es eine junge Generation, die sich mit der Vergangenheit auseinandergesetzt hat. In Italien hat man den Chef beseitigt, und das war's.

Aber es gab einen italienischen Widerstand.
Er bestand aus einer kleinen Elite von Arbeitern und Intellektuellen. Ohne die Engländer und die Amerikaner wären die Italiener heute immer noch Faschisten. Doch nach der Niederlage sind sie alle über Nacht zu Antifaschisten geworden. Das ist leider ein italienischer Charakterzug, der es wert ist, festgehalten zu werden.

Aber Berlusconi ist kein Wiedergänger des Faschismus, er ist eher ein ultramoderner Politiker ohne jede Weltanschauung.

Er könnte sich mit jedem, sogar mit den Roten Khmer, verbünden.

Sie selbst stammen aus einem bürgerlich-konservativen Milieu, in dem man stabile Überzeugungen pflegte. Berlusconi hingegen versucht, Politik und Wirtschaft ständig zu vermischen.
Genauso wie George W. Bush und Condoleezza Rice, die Politik im Zeichen des Öls gemacht haben. Das ist die Postmoderne. Man weiß nie, wann Berlusconi Geschäfte für sich und wann er Geschäfte für Italien macht. Er war mit Putin und mit Gaddafi befreundet und man wusste nie, ob als privater Geschäftsmann oder als italienischer Staatspräsident. Das war sein Sonnenkönigtum: L'état, c'est moi.

Jetzt, wo der Sonnenkönig abgetreten ist, könnten Sie nach Italien zurückkehren?
Berlusconi ist gefallen, aber nicht sein System. Er hat sich in siebzehn Jahren ein Imperium aufgebaut und hat mindestens zwei Dutzend Gesetze erlassen, die die Verfassung verletzten.

Italien ist ein anderes Land geworden?
Es ist nicht nur politisch, sondern anthropologisch ein anderes Land geworden. Der Berlusconismus ist ein Lebensmodell, ein Bewusstseinsmodell und ein Sprachmodell für die Massen geworden. Der fundamentale Wert des Lebens ist das Geld. Berlusconi hat sich Parlamentarier gekauft. Hinzu kommt: Die Lega Nord, eine antiitalienische und separatistische Partei, hat dank Berlusconi eine parlamentarische Stimme bekommen. Dadurch ist die fremden-

feindliche und rassistische Propaganda dieser ursprüng-
lich unbedeutenden neonazistischen Regionalpartei in
Italien salonfähig geworden. Heute sind vierzig Prozent
der Italiener rassistisch. Die Zigeuner und die schwarzen
Einwanderer sind die von ihnen am meisten gehassten
Bevölkerungsgruppen. Man muss sich das vorstellen: Die
Italiener halten die Zigeuner für gefährlicher als die Mafia.

Was ist aus Ihren eigenen politischen Idealen geworden?
In meiner Generation gehörten viele zur außerparlamen-
tarischen Opposition. Meine ultralinken Altersgenossen
haben mich damals als Bourgeois bezeichnet. Heute sind
die Revolutionäre von gestern zu Berlusconi übergelau-
fen, und ich werde zum Revolutionär erklärt. Ich bin vom
Bourgeois zum Außenseiter geworden.

**Und wo ist Ihre eigentliche Heimat, das bürgerliche Ita-
lien?**
Italien ist zweigeteilt. Das alte Italien hatte eine natürliche
Eleganz. Die italienische Sprache hatte eine ungeheure
Schönheit selbst im Mund der einfachsten Leute. Dieses
Italien gibt es noch immer, es gibt noch immer ein schö-
nes, ein ehrenhaftes Italien. Leider hat es die Wahlen ver-
loren.

**Auch Sie selbst sind offenbar zweigeteilt. Als Schrift-
steller und als Liebhaber des portugiesischen Autors
Fernando Pessoa neigen Sie zur sanften Melancholie. Als
engagierter Intellektueller sind Sie voller Hoffnung?**
Ich glaube an die Jugend. Berlusconi hat einen entscheidenden Fehler gemacht: Er hat das Internet unterschätzt.
Sein Imperium begann zu zerfallen, als die jungen Leute

das Internet entdeckten und sein Fernsehen ignorierten. Im Italien der Ära Berlusconi gab es in jedem Haushalt drei Fernseher, einen im Esszimmer, einen im Schlafzimmer, einen im Wohnzimmer. Die Berlusconi'schen Mikroben drangen von überall in jedes Bewusstsein. Aber die Jugend ist immun dagegen. Sie ist europäisch, sie geht ins Ausland, für sie sind Berlin, Paris und London die Hauptstädte Europas. Die Jugend macht mich optimistisch, sie wird Italien eine zweite Renaissance bescheren.

Sie haben jahrzehntelang einen sehr tapferen, häufig sehr einsamen Kampf für ein anderes Italien geführt. Sind Sie auch manchmal einfach müde?
Natürlich, als der ehemalige Senatspräsident Renato Schifani mich auf 1 350 000 Euro Schadenersatz verklagt hat, weil ich es als Einziger in Italien gewagt habe, in einem Zeitungsartikel an seine mafiose Vergangenheit zu erinnern, konnte ich monatelang nicht mehr schreiben. Es gab Drohungen und nächtliche Anrufe. Giuliano Ferrara, der Chefredakteur der Berlusconi-Zeitung *Il foglio*, schrieb, wenn man mich erschießen würde, sei ich selbst daran schuld. Und niemand hat mich verteidigt. Nur mein französischer Verlag Gallimard und *Le Monde* haben sich für mich eingesetzt. Das war furchtbar. Und es ist noch nicht zu Ende. Der Prozess wird fortgesetzt.

Wie sehen Sie Ihre Zukunft?
Meine Analyse ist beendet. Meine Arbeit ist gemacht. Jetzt ist es an euch.

«Am Ende hat man den Eindruck,
dass nichts passiert ist.»

MICHEL BUTOR

Nach dem Zweiten Weltkrieg, als nicht nur Europa, sondern auch die Sprache und die Literatur in Trümmern
lagen, gründete der französische Autor Michel Butor
gemeinsam mit Nathalie Sarraute und Claude Simon die
Schule des «Nouveau Roman». Sie wollten die französische Literatur noch viel radikaler modernisieren als die
Gruppe 47 die deutsche. Mit seinem Roman *Paris-Rom
oder Die Modifikation* betrat Michel Butor 1957 literarisches Neuland. Das Buch spielt in einer einzigen Nacht
in einem Zugabteil auf einer Fahrt von Paris nach Rom.
Als der Zug in Rom ankommt, kennen wir das Leben des
zugfahrenden Helden. Seine römische Geliebte, zu der
er unterwegs war, will er plötzlich nicht mehr sehen und
stattdessen das Buch schreiben, das wir gerade beendet
haben.

Michel Butor hat zunächst in Nizza, dann seit Mitte
der siebziger Jahre in Genf als Kollege von George Steiner
an der Universität Literatur unterrichtet und war Lektor
im Verlag Gallimard. Als ich ihn im französischen Lucinges, in der Nähe von Genf, besuche, ist er 86 Jahre alt.
Das Gespräch findet im völlig bücherüberladenen Dach-
atelier seines Hauses statt. Butor trägt, wie stets, eine
vom Schneider speziell nach seinen Wünschen gefertigte

Latzhose mit riesigen Taschen, in denen er seine Arbeits-
utensilien, Stifte, Pinsel und Notizbücher, aufbewahrt. Er
thront an seinem Schreibtisch, der mit Manuskripten, Li-
teraturzeitschriften und Lithographien überfüllt ist. Wir
sprechen über Literatur, darüber, was sich in der europäischen Romanliteratur verändert hat, was seine Generation
literarisch hinterlassen wird. Seine Sicht auf die literarische Landkarte ist bestimmt von der Pariser Avantgarde.
Die Bücher seiner deutschen Generationskollegen hat er
kaum wahrgenommen, selbst Günter Grass hat er nicht
gelesen, dessen Bücher seien zu deutsch. Nach dem Gespräch machen wir noch einen Gang durch sein Heimat-
dorf, in dem es sogar eine Bibliothèque municipale Michel
Butor gibt.

**Sie waren so etwas wie der Urvater des «Nouveau Ro-
man» und haben damit europäische Literaturgeschichte
geschrieben. Doch das ist ein halbes Jahrhundert her.
Kann man heute überhaupt noch von einer europäischen Literatur reden?**
Ich glaube nicht. Es gibt keine rein europäische Literatur
mehr. Die nationalen Grenzen verschwinden oder spielen
keine Rolle mehr.

**Dann ist die große Zeit des europäischen Romans jetzt
vorbei?**
Absolut. Die europäischen Nationalliteraturen waren sehr
verschieden unmittelbar nach dem Krieg. Heute haben sie
sich aneinander angeglichen, sie sind uniform geworden.
Wir leben nicht nur in einer Wirtschaftskrise, wir leben
auch in einer literarischen Krise. Die europäische Litera-

tur ist bedroht. Was wir in Europa gerade erleben, ist eine Krise des Geistes. Das immerhin haben die europäischen Nationen gemeinsam.

Woran erkennt man diese europäische Krise des Geistes?
Seit zehn oder zwanzig Jahren passiert beinahe nichts mehr in der Literatur. Es gibt eine Flut von Veröffentlichungen, aber einen geistigen Stillstand. Die Ursache ist eine Krise der Kommunikation. Die neuen Kommunikationsmittel sind bewundernswert, aber sie verursachen einen ungeheuren Lärm. Jeden Tag gibt es Neuigkeiten und noch mehr Neuigkeiten und noch mehr Neuigkeiten, die alle wieder verschwinden. Diese Informationsflut zerstört sich selbst. Es ist heute bedeutend schwieriger, zu erfahren, was wirklich geschieht, als vor zwanzig Jahren. Am Ende hat man den Eindruck, dass nichts passiert ist.

Milan Kundera glaubt, der europäische Roman wird verschwinden, weil die Welt, aus der er kommt, nicht mehr existiert.
Es ist möglich, dass der Roman verschwindet. Es hat ihn ja auch nicht immer gegeben. Den Roman, über den wir heute reden, gibt es in Europa erst seit vierhundert Jahren. Aber der Roman ist ja nichts exklusiv Europäisches.

Welche Bücher haben Sie ganz besonders geprägt, was ist Ihr persönlicher Kanon?
Schwer zu sagen. Die Bücher, die mich geprägt haben, wurden alle vor dem Krieg geschrieben. Nach dem Krieg waren es vor allem Sartre und Camus, die mich beeinflusst haben.

Was ist beispielsweise mit Lampedusa, Golding, Beckett, Doderer, Borowski, Pasternak? Die haben alle im selben Jahrzehnt publiziert, in dem Sie mit Ihrem Roman *Paris-Rom oder Die Modifikation* Literaturgeschichte geschrieben haben.

Mag sein, aber vergessen Sie nicht, dass wir im Krieg waren. Alles war geheim. Bücher wurden verboten. Es gab nicht einmal Papier. Europa war von den geistigen Informationsflüssen abgeschnitten. Das kann sich heute niemand mehr vorstellen.

Und nach dem Krieg?

Ging alles langsam. Nehmen Sie Spanien, das war ein fast verschlossenes Land unter Franco. Ein Buch musste drei Zensurbehörden passieren. *Die Modifikation* wurde, als sie 1956 erschien, nicht ins Spanische übersetzt.

Gab es nach dem Krieg das Gefühl, in jeder Hinsicht wieder auf null gesetzt zu sein?

Nein, die Dinge gingen doch weiter. Wir hatten viel zu entdecken.

Also gab es keinen totalen Zusammenbruch?

Das ist viel komplizierter. In Frankreich gab es einen Zusammenbruch, aber nicht am Ende, sondern am Anfang des Krieges, im Juni 1940. Der Mai 1945 war für uns die Befreiung. Die Lage der europäischen Länder am Ende des Krieges war ganz und gar nicht vergleichbar. Die osteuropäischen Länder wurden sofort vom europäischen Informationsfluss ausgeschlossen.

Zwei Jahre nach dem Kriegsende veröffentlichte Nathalie Sarraute ihren legendären Essay *Das Zeitalter des Misstrauens*. Damit begann in Paris der Nouveau Roman, eine neue Avantgarde.

Das ist nicht ganz richtig. Nathalie Sarraute war 26 Jahre älter als ich, sie hätte meine Mutter sein können. Sartre hat ihren Roman *Porträt eines Unbekannten* zwar einen «Antiroman» genannt, aber der eigentliche Nouveau Roman kam erst später.

Die Modifikation ist kein Antiroman?

Ganz und gar nicht.

Der ganze Roman spielt in ein und demselben Zugabteil, in dem der Held eine Nacht lang von Paris nach Rom unterwegs ist. Diese Isolation, dieses Kapselgefühl in dem Roman, ist das noch die Seelenlage der Okkupation, die da nachwirkt?

Ja, natürlich, denn der Krieg und die Okkupation waren meine ganze Jugend. Es war ein Gefängnis. Camus hat es in der *Pest* beschrieben, Sartre in dem Stück *Die Mauer*.

Welche Rolle spielten Sartre und Camus für Sie?

Sartre war für uns der Professor der französischen Literatur. Ich kannte ihn, ich bewunderte ihn, aber ich habe bald Abstand von ihm genommen. Ich glaubte nicht alles, was er gesagt hat. Sein politisches Engagement war, um das Mindeste zu sagen, unglücklich. Er träumte davon, der Chefdenker der kommunistischen Partei zu sein. Aber die Partei wollte ihn nicht. Das war eine Tragödie für ihn. Er tat alles dafür, was er nur konnte, aber es hat nicht geklappt. Er hat dann sehr angreifbare Positionen bezogen,

1956 beim Ungarnaufstand und so weiter. Das hat sein Konzept der engagierten Literatur in unseren Augen beschädigt.

Und damit die gesamte Idee von einer engagierten Literatur?
Nein. Die Literatur ist immer engagiert, aber das muss der Autor gar nicht wissen. Bücher sind Teil der historischen Wirklichkeit und spielen in ihr eine bedeutende Rolle. Heutzutage nimmt die Literatur eine bewahrende, konservative Aufgabe wahr. Der allergrößte Teil der Literatur ist dazu da, die Gesellschaft darin zu bestärken, sich nicht zu verändern. Weder zum Guten noch zum Schlechten. Sie versucht, Dinge vor dem Vergessen zu retten. Der ideale Autor ist in meinen Augen Schriftsteller, Kritiker und Philosoph in einer Person.

Wie Sartre.
Er war ein großer Schriftsteller, er hat alle Kategorien gesprengt.

Aber seine Romane sind sehr didaktisch.
Das eben ist das Problem seines Engagements. Dennoch mag ich die Schriftsteller-Philosophen, die nicht nur Romane schreiben.

So einer war auch Albert Camus. Er hatte ein sehr bestimmtes Bild vom Menschen und von Europa.
Auch Camus hatte ein großes existenzielles und politisches Problem. Das war Algerien. Als Algerienfranzose ist es ihm nie gelungen, zum Algerienkrieg eine klare Position zu finden. Europa, das waren für ihn vor allem die Länder

des nördlichen Mittelmeeres, den Rest hat er vergessen.

**Der Nouveau Roman gab sich gegenüber den Nach-
kriegsklassikern Camus und Sartre sehr revolutionär. Er
erfand Methoden und Strukturen, die einer exakten Wissenschaft alle Ehre machen würden. Ging es auch darum,
den Roman nach dem Krieg wieder auf sicheres Terrain
zu führen?**
Unser Leben war nach dem Krieg ein einziges kollektives Missverständnis, keiner verstand mehr den anderen.
Die Franzosen verstanden die Deutschen nicht mehr. Die
Deutschen verstanden die Franzosen nicht mehr. Die
Bürger verstanden die Arbeiter nicht. Die Arbeiter verstanden die Bürger nicht. Die Eltern verstanden ihre Kinder nicht, die Kinder verstanden ihre Eltern nicht. Der
Krieg hatte alles zerstört. Wir hatten keine gemeinsame
Sprache mehr. Das ist bis heute nicht richtig untersucht
worden. Der Nouveau Roman versuchte in dieser Situation, eine Sprache zu finden, die präzise und genau ist. Er
wollte die Verständigung nie aufkündigen, sondern sie im
Gegenteil verbessern.

**Sie glaubten an die Verständigung. Die Trostlosigkeit
eines Samuel Beckett war nie Ihre Sache?**
Ich habe ihn gelesen. Er schrieb in einem künstlichen
Französisch. Er war sehr pessimistisch. Aber es gab
auch eine Lebensgier bei ihm. Beckett war Ire, er sprach
Englisch und hasste das Englische. Deswegen schrieb er
Französisch. Aber er schrieb Französisch wie ein Aus-
länder. Es sind reduzierte Personen mit einer reduzierten
Sprache.

Seine Romane waren aber noch nicht der Höhepunkt des Nachkriegspessimismus. Noch desillusionierter waren Primo Levi und Tadeusz Borowski. Warum wurde der Holocaust ausschließlich von jüdischen Autoren thematisiert?
Das weiß ich nicht. Ich fand es zu schwierig, direkt davon zu sprechen. Wir haben das erst nach dem Krieg erfahren. Es war ein großer Schock. Wir waren alle gegen die Nazis, aber keiner hat vermutet, dass sie so weit gehen würden. Aber darüber direkt zu schreiben, nein. Diese Rolle konnten nur jüdische Autoren übernehmen.

Als Franzose fühlte man sich weniger verantwortlich?
Die Franzosen dachten, sie hätten den Krieg gewonnen. Es gab eine große Sehnsucht, unmittelbar an die Vorkriegszeit anzuknüpfen. Alles solle wieder so sein wie 1937. Wir Jungen hielten das für eine Illusion. Europa war eine Ruinenlandschaft.

Europa war vor allem nicht mehr das Zentrum der Welt.
Das ist sehr wichtig. Und es fiel den Franzosen sehr schwer, das zu begreifen. Die Europäer brauchten Jahrzehnte, um die Entmachtung Europas überhaupt zu bemerken. Wie lange hat Europa noch seine alten Großmachtsträume weitergeträumt!

Dann ist das die größte europäische Gemeinsamkeit: die Illusion über die eigene Größe?
Ganz genau. Diese Blindheit verbindet uns.

Wir halten uns immer noch für die Erben des römischen Imperiums.

Die Franzosen haben erst nach dem Algerienkrieg langsam verstanden, dass es damit vorbei ist. Ich bin immer viel gereist und habe gelernt, Europa von außen gesehen.

Das neue geistige Zentrum der Welt war nach dem Krieg sehr bald Amerika.
Vollkommen richtig. Die Situation Amerikas hat sich nach dem Krieg tiefgreifend verändert. Bis dahin hatten die amerikanischen Eliten ein koloniales Bewusstsein, sie fühlten sich kulturell von Europa abhängig. In der Zwischenkriegszeit kamen alle großen amerikanischen Künstler nach London und Paris. Nach dem Krieg gab es für junge westeuropäische Intellektuelle nur ein Ziel: nach Amerika zu gehen und zu sehen, was sie verpasst hatten.

Das mag auf die Franzosen zutreffen, aber nicht auf Günter Grass, Martin Walser oder Christa Wolf. Haben Sie mal einen Roman von Günter Grass gelesen?
Die Romane von Günter Grass sind für mich ein bisschen zu sehr auf Deutschland beschränkt.

Welche deutschen Autoren haben Sie nach dem Krieg gelesen?
Sehr wenige, ein bisschen Uwe Johnson, ein bisschen Enzensberger.

Ist die deutsche Literatur für die Franzosen zu deutsch?
Die deutsche Literatur ist zweifellos für die Franzosen zu deutsch. Sie kennen sie auch sehr schlecht. Sie kennen ihren Goethe, halten ihn aber für einen deutschen Romantiker.

Ist es den Italienern in Frankreich besser ergangen?
Natürlich, gleich nach dem Krieg lasen wir Vittorini, Moravia und viele andere, die alle schneller übersetzt wurden als die deutschen Autoren.

Nach dem Krieg begann das, was man nachträglich das Wirtschaftswunder genannt hat. Gab es auch einen literarischen Fortschritt, eine Art Literaturwunder?
Das glaube ich nicht. Es gab vielmehr einen Rückschritt. Wer heute als Genie gilt, der macht nichts anderes, als die Literatur wieder auf ihr eigentliches Niveau zu heben.

Aber Fortschritt im Sinne von Neuigkeit hat es gegeben?
Interessante Literatur bringt immer Neuigkeiten. Doch die überwältigende Mehrzahl der Bücher bringt uns alles andere als Neuigkeit. Deshalb sind sie schnell wieder vergessen. Bücher, die Neues bringen, stören, sind schwierig zu lesen, man weiß nicht recht, wie man über sie sprechen soll und so weiter. Solche Bücher verjüngen die Kultur.

Könnte die Verjüngung der Literatur von den europäischen Rändern kommen?
Das weiß ich nicht.

Sagen Ihnen die Namen Bohumil Hrabal, Danilo Kiš, Aleksandar Tišma, Péter Nádas, Péter Esterházy, Imre Kertész oder Andrzej Stasiuk etwas? Das sind einige der größten Autoren der osteuropäischen Literatur.
Nein, ich kenne diese Namen nicht.

Daraus könnte man schließen, dass uns die Wiedervereinigung Europas noch nicht ganz geglückt ist. Fehlt uns
ein europäisches Gemeinschaftsgefühl?

Man wird es schnell entwickeln müssen, alles andere wäre
für uns alle, auch für Deutschland, eine Katastrophe.

IMRE KERTÉSZ

«Ich habe alle meine Augenblicke schon erlebt.
Es ist fertig, und ich bin noch da.»

An einem Sommerabend des Jahres 1996 begann die Welt-
karriere eines bis dahin völlig unbekannten jüdischen
Autors aus Budapest: Imre Kertész' Lebensbuch *Roman
eines Schicksallosen*, vor Jahren schon einmal völlig unbe-
merkt in einem Ostberliner Verlag erschienen und nun im
Rowohlt Verlag in neuer Übersetzung noch einmal her-
ausgebracht, wurde von Marcel Reich-Ranicki in seinem
Literarischen Quartett fast so gelobt wie Javier Marías
Roman *Mein Herz so weiß*.

Noch immer fehlen uns die richtigen Worte, um zu
erklären, welche moralische und literarische Revolution
von diesem Buch ausgegangen ist und warum es kein
weiterer edler Tropfen im Strom der Neuerscheinungen
ist, sondern ein Staudamm, an dem man nicht vorbei-
kommt. Vielleicht muss man es so sagen: Was für die
deutsche Literatur die *Blechtrommel* war, ist für die europäische Literatur der *Roman eines Schicksallosen*. Den
Autoren beider Bücher war klar, dass man an die Vor-
Auschwitz-Sprache nicht mehr anknüpfen konnte. Und
beide fanden eine neue Sprache, um in die Abgründe der
Vergangenheit hinabzusteigen. Eine satte, körperwarme
Sprache der eine, eine ausgenüchterte, atonale Sprache
der andere.

Günter Grass war siebzehn Jahre, als er 1944 in Danzig zur Waffen-SS eingezogen wurde. Imre Kertész war vierzehn Jahre, als er zur selben Zeit in Budapest verhaftet, nach Auschwitz deportiert und später nach Buchenwald überführt wurde. Es hat dann lange, sehr lange gedauert, bis Kertész zufällig auf eine ungarische Ausgabe von Camus' *Der Fremde* stieß. Darin entdeckte er den neuen Ton, in dem er seine furchtbare Geschichte erzählen konnte. Doch das Schreiben fiel ihm schwer. Manchmal machte er zwischen zwei Kapiteln zwei Jahre Pause.

Dreizehn Jahre hat er gebraucht, um sein Buch zu vollenden. Es erzählt die Geschichte eines Jungen, der in Auschwitz fast vernichtet wird und sich damit rettet, dass er sich die Logik von Auschwitz einverleibt. Später stellt Kertész fest, dass die Logik von Auschwitz zugleich die Logik der deutschen Kultur ist. Schon bei meinem ersten Besuch im Frühjahr 1997 in Budapest hat Kertész zu mir gesagt: «Auschwitz ist nicht trotz der deutschen Kultur passiert, sondern wegen der deutschen Kultur.»

Damals saßen wir in der kleinen Budapester Einzimmerwohnung, in der sein Leben sich in den vergangenen Jahrzehnten abgespielt hatte. Seine Frau Albina, mit der er über vierzig Jahre zusammengelebt hatte, war vor zwei Jahren gestorben. Im Appartement des Witwers herrschte dieselbe unpersönliche Kargheit, die auch seine Romane prägt. In seiner neuen, repräsentativ ausgestatteten Wohnung in Buda, in der ich ihn nun besuche, macht sich der stilgebende Einfluss seiner zweiten Ehefrau Magda bemerkbar.

Bisher kannte ich Imre Kertész als einen heiteren Menschen, der die «Glückskatastrophe», die der Nobelpreis und die damit verbundene öffentliche Aufmerksamkeit für ihn bedeutete, offensichtlich genoss, zahllosen Einladungen folgte und gemeinsam mit seiner Frau häufig auf Reisen war. In seinem Tagebuch *Letzte Einkehr*, das kurz vor unserem Gespräch erschienen ist, erzählt er von den glücklichen Jahren, in denen er in der Berliner Meineckestraße lebte, Konzerte und Kaffeehäuser besuchte und sich an den Platanen auf dem Kurfürstendamm erfreute. Doch schon damals deutete sich an, was seine Stimmung jetzt vollends verdüstert: Kertész beschlich mehr und mehr das Gefühl, zur Galionsfigur einer Holocaust-Eventkultur geworden zu sein – «ein Holocaust-Clown». Der stets verbindliche, stets freundliche Autor entwickelt eine neue Altersradikalität: Am Ende des Lebens und von Krankheit gezeichnet, findet er zu der Unerbittlichkeit seiner jungen Jahre zurück.

Im Sommer 2013 hat das Ehepaar Kertész sein Berliner Standbein aufgegeben und ist endgültig in die Budapester Etagenwohnung zurückgekehrt. Hier sitzt Imre Kertész neben seinem Krankenbett in einem Sessel vor der offenen Terrassentür und sieht zart und durchsichtig aus. Seine Parkinson-Erkrankung ist schon weit fortgeschritten. Unter seinem Hemd rattert während des Gesprächs ein Gerät, das die Medikamentenzufuhr kontrolliert. Auf dem Beistelltisch neben ihm liegt Canettis Buch über Kafka. Seine alte Welt. Er strahlt.

Erinnern Sie sich noch? Sie haben mich vor ungefähr 20 Jahren in der kleinen Einzimmerwohnung in der Török-Straße besucht. Sie waren mein erster Besuch aus dem Westen. In der Wohnung habe ich 42 Jahre gelebt.

Dort haben wir uns kennengelernt. Ich glaube, es ist
17 Jahre her. Bett, Schreibpult, Lesesessel, alles befand
sich in einem kleinen Zimmer. Seit wann leben Sie hier, in
dieser schönen großen Wohnung?
Erst seitdem ich im Westen gelesen werde.

Meistens stand die Wohnung in den letzten Jahren leer.
Sie haben lieber in der Meineckestraße in Berlin gelebt.
Wie ist es möglich, dass für einen ungarischen Juden, der
mit 15 Jahren nach Auschwitz kommt, die ehemalige
Reichshauptstadt zum Sehnsuchtsort wird?
Ja, wie konnte ich mit Deutschen zusammenleben? Aber
noch verwunderlicher ist, wie ich zuvor überhaupt mit
Ungarn zusammenleben konnte. Ich habe die Nazizeit in
Ungarn erlebt, hier trug ich den gelben Stern, hier war ich
im Ghetto, hier wurde ich von den ungarischen Gendar-
men festgenommen.

Deutschland ist für Sie das Land des Geistes, der Kultur.
Meine ganze Bildung habe ich auf Deutsch erlangt, ich
habe Deutsch gelesen.

Der jüdische Philosoph Vladimir Jankélévitch hat nach
Auschwitz kein deutsches Buch mehr aufgeschlagen, kei-
ne deutsche Musik mehr gehört.
Ich kann das nicht verstehen. Wie kann ein gebildeter
Mensch sich weigern, die deutsche Kultur zu lieben?

Auch Sie haben oft gesagt, Auschwitz habe es nicht trotz,
sondern wegen der deutschen Kultur gegeben.
Nein, man muss da unterscheiden. Die nationalistische

großdeutsche Idee entstand in der Habsburgermonarchie. Die Österreicher sind sehr geschickt, sie haben die Welt glauben lassen, dass Beethoven ein Österreicher und Hitler ein Deutscher war. Im Holocaust habe ich nie einen deutsch-jüdischen Krieg gesehen, sondern die Technik eines totalitären Systems.

Für Sie ist Österreich-Ungarn mehr für das «Dritte Reich» verantwortlich als Deutschland? Das ist eine ungewöhnliche Sichtweise.
Daran sehen Sie, wie geschickt die Österreicher waren.

Sie sind seit kurzem nach Budapest zurückgekehrt. Wie geht es Ihnen in Ihrer Heimat?
Schlecht, ich habe Parkinson, sonst wäre ich nie zurückgekommen.

In Ihrem Tagebuch aus dem vergangenen Jahrzehnt gehen Sie hart mit sich selber ins Gericht. Immer wieder quälen Sie sich mit dem Vorwurf: Ich lebe das falsche Leben.
Wer weiß, welches Leben man hätte leben können.

Sie schreiben, es habe in Ihrem Leben nur sieben glückliche Jahre gegeben.
Das waren die Jahre von 1982 bis 1989. In diesen sieben Jahren war ich verliebt, eingesperrt, habe nur gearbeitet. Das war ein sehr schönes Leben. Ich war immer verzweifelt. Ich hatte nie genügend Geld. Ich hatte keinen Führerschein. Ich war sicher, dass ich nie ein Auto bekommen würde. Das war diese furchtbare Kádár-Welt.

Später haben Sie in Luxushotels logiert, sind durch die ganze Welt gereist. Dennoch waren die dunklen Jahre der Armut und der Unfreiheit Ihr größtes Glück.

In diesen Jahren entdeckte ich das kleine gelbe Buch von Camus, *Der Fremde*, das ich für zwölf Forint gekauft habe. Es war elementar, ich kann es schwer erklären, aber darin fand ich die Glückseligkeit, die aus dem Leid entsteht. Bei Camus habe ich mich selbst kennengelernt.

War das Leben unter dem Kádár-Regime dem Schreiben günstig?

Ja, auf jeden Fall. Ich war auf der Flucht vor der offiziellen Literatur. Ich verbrachte mein Leben zum größten Teil im Schwimmbad. Meine Nachbarn hielten mich für einen Schwimmtrainer.

Im Jahr 2002 bekamen Sie den Nobelpreis, den literarischen Hauptgewinn, wie Sie ihn nennen. Jetzt schreiben Sie im Tagebuch: Der Preis hat mich vernichtet.

Ich schäme mich, aber so war es wirklich. Jedem ernst zu nehmenden Nobelpreisträger ging es ähnlich. Auch Camus fühlte sich vernichtet nach dem Nobelpreis.

Kann man verzweifeln über eine Million Euro?

Wenn Sie mich jetzt ansehen, sehen Sie, was dabei herausgekommen ist. *(lacht)*

Nach dem Nobelpreis haben Sie sich selbst nicht mehr ins Gesicht sehen können. Sie nennen sich einen Schauspieler, der mehr schlecht als recht den Schriftsteller Kertész mimt.

Ich wurde eine Aktiengesellschaft, eine Marke. Die Marke Kertész.

Sie mögen weder sich noch Ihren Namen, noch Ihr Leben. Das ist eine ganze Menge.
Ich hasse meinen Namen. Kertész ist der hilflose Versuch, einen jüdischen Namen zu assimilieren. Dabei wollte ich nie zu irgendjemandem gehören. Ich wollte nie ein Kind. Ich wollte nie so eine Wohnung haben wie die, in der ich nun sitze.

Offenbar haben Sie vergessen, dass Sie einer der bedeutendsten Autoren der europäischen Nachkriegsliteratur sind.
Mich interessiert die Literatur nicht. Literatur ist eine zweitrangige Angelegenheit.

Es ging Ihnen nie darum, große Literatur zu schaffen?
Es ging nur darum, die Sprache zu finden für den Totalitarismus, eine Sprache, die zeigt, wie man eingemahlen wird in einen Mechanismus und wie der Mensch sich dadurch so sehr verändert, dass er sich und sein eigenes Leben nicht mehr wiedererkennt. Der funktionale Mensch verliert sich selbst. Ich wollte nie ein großer Schriftsteller werden, ich wollte immer nur verstehen, warum die Menschen so sind.

Es hat Sie nicht interessiert, einen guten Roman zu schreiben, eine gute Geschichte zu erzählen?
Überhaupt nicht. Die Geschichten sind alle schon erzählt. Das hört sich vielleicht eigenartig an. Aber meine ganze Arbeit geht um den funktionalen Menschen des 20. Jahr-

hunderts. Ich musste Hannah Arendt nicht mehr lesen. Ich wusste schon alles über die Banalität des Bösen.

Ihr großer Gegenspieler in der Literatur des Holocaust war der spanische Autor Jorge Semprún, der vor zwei Jahren gestorben ist. Mochten Sie seine Romane?
Zur selben Zeit wie Hannah Arendts Buch über die Banalität des Bösen erschien Semprúns *Die große Reise*, und ich sah, wie schlecht das war. Später habe ich Semprún in Paris im Café de Flore getroffen. Ein wunderschöner Mann. Ich möchte nichts Böses über ihn sagen.

Was gefällt Ihnen an der *Großen Reise* nicht?
Semprún analysiert darin zum Beispiel Ilse Koch. Sie war eine Sekretärin in einer Tabakfabrik und wurde von heute auf morgen die Frau des Kommandeurs von Buchenwald, badete in Madeirawein und hatte Lampenschirme aus Menschenhaut in ihrem Wohnzimmer. Für Semprún ist sie eine Henkerin. Aber diese Psychologie hat in Romanen nichts zu suchen. Der Totalitarismus verändert den Menschen. Er vergisst, wer er eigentlich war.

Das ist Ihr großes Lebensthema: die schier unendliche Biegsamkeit des Menschen.
In ihrem zivilen Leben hat Ilse Koch gelernt, dass man nicht morden soll. Und sobald sie in Buchenwald war, hat man ihr beigebracht, dass Morden eine Tugend ist.

Und mit den traditionellen Mitteln des psychologischen Realismus kann man die Verwandlung der Sekretärin Koch in die KZ-Kommandeuse Koch nicht beschreiben?

Genau. Ich wollte die Literatur nicht revolutionieren. Aber ich habe diese Entdeckung gemacht.

Woher kommt Ihre Radikalität? Waren Sie von Anfang an so radikal?
Nein, als junger Mann habe ich Boulevardstücke geschrieben, war Journalist bei sozialistischen Blättern und dachte, das führt mich irgendwie zur Kunst, aber das stimmte nicht.

Was hat Sie zum Künstler gemacht?
Ein einziger existenzieller Augenblick. Ich war 25 Jahre alt. Bis dahin hatte ich nur Anekdoten über Auschwitz erzählt. Eines Tages wurde mir schlagartig klar: Ich bin nicht einfach ein Mensch, der Auschwitz überlebt hat, sondern es ist eine großartige Geschichte mit mir passiert. Und das muss ich ergreifen. Ich wurde von einer Sekunde zur anderen ein ganz anderer Mensch.

Ihr ganzes Schriftstellerleben verdankt sich einem einzigen Augenblick? Hat sich so etwas später noch einmal ereignet?
Nein, so einen Moment gab es nur ein einziges Mal. Und das war elementar und unerklärlich. Das sind Momente, wie Heilige sie erleben. Das kann man nicht jeden Tag haben. Aber einmal im Leben muss der Mensch verstehen, wo er lebt und dass er lebt.

Und dieser Moment war ein Auftrag, zu schreiben?
Ja, aber wäre ich ein Tischler oder ein Musiker gewesen, hätte ich es in diesen Formen ausdrücken müssen. Da ich aber immer geschrieben habe – und ich weiß selber nicht,

warum, vielleicht weil einer meiner Klassenkameraden, der neben mir saß, immer Gedichte geschrieben hat –, war das Schreiben für mich natürlich.

Dann haben Sie aber doch alles in Ihrem Leben richtig gemacht und Ihren Auftrag vorbildlich erfüllt.
Mein einziger Fehler ist der, dass ich nicht zur rechten Zeit über meinen Tod verfügt habe. Ich kann das jetzt nicht mehr ändern.

Gibt es nicht immer noch Augenblicke, für die sich das Leben lohnt?
Ich glaube, ich habe alle meine Augenblicke schon erlebt. Es ist fertig, und ich bin noch da.

Worauf sind Sie stolz in Ihrem Leben?
Dass ich diesen funktionalen Menschen erarbeitet habe. Darauf bin ich wirklich stolz. Und es gibt auch Dinge, die mich sehr berühren. Ich war einmal in Pápa, einer ungarischen Stadt, nachdem die Pfeilkreuzler meine Bücher zerrissen hatten, da war die Kirche voll, und als ich mit meiner Frau eintrat, standen alle auf und sangen ein Kirchenlied.

Ein christliches Kirchenlied?
Ja, warum? Ich bin doch kein Jude. Ich gehöre nicht zu dieser Sache.

In den letzten beiden Jahrzehnten waren Sie ein Held der deutschen Erinnerungskultur, ein gefragter Festtagsredner, ein gefeierter Auschwitz-Überlebender. Jetzt erfährt die Welt aus Ihrem Tagebuch: Sie haben

sich die ganze Zeit über wie ein «Holocaust-Clown» gefühlt.

Es geht in diese Richtung.

Ist das Gedenken in Deutschland ein wenig zu einer Holocaust-Industrie geworden?
Nicht ein wenig, ganz.

Das Holocaust-Mahnmal in Berlin ist ein Picknickplatz für Touristen.
Ja, das ist sehr unangenehm. Ich wurde nach Buchenwald eingeladen, ich habe da hinkende Menschen in Sträflingskleidung gesehen, geschmacklos.

Und Sie sind Teil dieses Erinnerungsbusiness?
Man macht mit den Menschen, was man will.

Sie hätten sich verweigern können.
Auch der Zweite Weltkrieg hätte nicht stattfinden müssen.

Sie absolvieren diese Rolle als Zeuge und leiden darunter.
Ich habe den Literaturnobelpreis nur bekommen, weil man die Literatur des Zeugentums preisen wollte. Man hat mich vorher nach Stockholm eingeladen, um eine Rede zu halten. Aber in Wahrheit wollte man wissen, ob ich eine akzeptable Figur abgebe oder ob ich mein Rührei mit den Händen esse. Man kann nicht viel dagegen tun. Man ist ohnmächtig diesen Mächten gegenüber. Einzig zum 70. Jahrestag der Wannsee-Konferenz wäre ich gerne in die Wannsee-Villa gegangen.

Warum?

Das ist doch eine Karriere, von Auschwitz bis zu dem Platz, an dem Göring gestanden hat. Stellen Sie sich das vor!

Hat Ihnen die Erinnerungsindustrie Ihre Geschichte weggenommen?

Mir reicht es, dass es ein paar Menschen gibt, die meine Geschichte verstanden haben.

Und alles in allem ...

... hatte ich ein wunderbares Leben. Erst war ich Auschwitz-Insasse, dann habe ich die größten deutschen zivilen Auszeichnungen bekommen, das ist lustig und unerklärbar. Aber darf ich sehr aufrichtig und ehrlich sein? Es ist genug. Ich habe alles gehabt, alles, was ich wollte. Ich glaube, ich will auch nicht mehr schreiben. Ich ordne noch die alten Tagebücher, das amüsiert mich. Aber wenn ich an diese Nächte hier denke ... Es gibt ein Wort, das nennt sich Liebe. Damit würde ich gerne etwas Neues anfangen. Aber womit soll ich schreiben? Meine Hände wollen nicht mehr. Ich bin sehr müde.

GEORGE STEINER

«Wichtig ist, dass man sich ganz klein fühlt.»

In der Barrow Road in Cambridge ist es sehr still. In den weitläufigen alten Landhäusern wohnt hier, inmitten üppig wuchernder Gärten, Europas Geisteselite. George Steiner öffnet die Tür, begleitet von seinem alten Hund. Er trägt einen blauen Pullover, der rechte Arm hängt wie ein gebrochener Flügel schlaff am Körper, was die Zartheit seiner Erscheinung unterstreicht. Der Hund verliert sich in den Tiefen des Hauses.

George Steiner wird in wenigen Tagen 85 Jahre alt. Seit vielen Jahrzehnten lebt er mit seiner Frau Zara, einer emeritierten Geschichtsprofessorin, in diesem bücherüberfüllten Cottage. Während Zara in Cambridge lehrte, ist ihr Mann zwischen dem Familienwohnsitz in Cambridge und seinem Lehrstuhl in Genf, wo er Englisch und Vergleichende Literaturwissenschaft unterrichtete, ständig hin und her gependelt. Sie wohnen allein in dem großen Haus, die beiden Kinder sind vor langer Zeit dem Ruf amerikanischer Universitäten gefolgt. Sohn David ist Dekan am Hunter College in New York, Tochter Deborah ist Professorin an der Columbia University. Sie erfüllen den Familienauftrag ihres jüdischen Großvaters, der immer gepredigt hat: Werdet Lehrer! Gebt die Tradition weiter! Der Rabbi galt dem alten Steiner mehr als der Künstler.

Auch George Steiner hat sich den Wünschen seines Vaters gebeugt und sein Leben der Literaturwissenschaft verschrieben – schweren Herzens, wie er mir gestehen wird.

Der Vater kam aus der verschwundenen Welt des vielsprachigen osteuropäischen Kulturjudentums. Er wurde in Wien zu einem einflussreichen Bankier, dem Sigmund Freud zur Hochzeit eine Glückwunschkarte sandte, die der Sohn bis heute aufbewahrt und mir nicht ohne Stolz am Ende des Gespräches zeigen wird. 1924 emigrieren die hellsichtigen Eltern zunächst nach Paris, dann 1940 nach New York. Der einzige Sohn, 1929 in Paris geboren, wächst viersprachig auf und spricht bis heute ein warmes, mährisch-habsburgerisch klingendes Deutsch, aber ebenso perfekt Englisch, Französisch und Italienisch – seine vier Sprachen, die ihn an Europa binden.

Im selben Jahr wie Imre Kértesz geboren, teilt George Steiner mit dem Nobelpreisträger die Melancholie des Denkens. Beide sind sehr empfindsam für die tragische Paradoxie, tief in einer Kultur zu wurzeln, die sie vernichten wollte. Der kleine Essay *Warum denken traurig macht*, in dem Steiner auf der «Vergeblichkeit des Denkens» besteht, wurde ein großer Erfolg.

Doch anders als Kertész, der seine Zuflucht in einer puristischen Schreibweise und bei der Philosophie des Absurden fand, lehnt Steiner jeden Fluchtversuch aus der kompromittierten alten Hochkultur ab. In seinen Büchern und Essays missbilligt er die Bemühungen der Nachkriegsliteratur, sich nach dem kulturellen Zusammenbruch zu erneuern, weil derartige Erneuerungen lediglich dazu geführt hätten, dass die Romane, Gedichte und Bühnenwerke nicht mehr so gut geschrieben und so stark empfunden seien wie die Kunstwerke der klassischen Kultur. Ein Roman seines Genfer Professorenkollegen Michel Butor ist für ihn nichts als ein «Erzeugnis des Ausweichens». Und selbst die Werke solcher Heroen der modernen Nüchternheit wie Albert Camus oder Samuel Beckett bleiben für ihn kraftlos und banal: unfähig, das Wunder zu vollbringen, zu dem die Literatur nun einmal da sei – den Menschen zu verwandeln.

Die Strenge dieses überwältigend belesenen Anwalts einer elitären europäischen Hochkultur ist beeindruckend einseitig und derartig unzeitgemäß, dass sie eine wehmütige Würde hat. Seine großen Essaybände *Nach Babel*, *Sprache und Schweigen*, *Grammatik der Schöpfung*, *Von realer Gegenwart* und *Lektüren der Stille* öffnen einen literarischen Tiefenraum, in dem dieser letzte große Universalgelehrte ziemlich einsam ist.

Zwei Sessel vor einem Kamin warten auf uns.

Darf man fragen, was mit dem Schreibarm passiert ist?
Ein Geburtsfehler. Dieses Handicap war eine Auszeichnung. Ich musste nie zum Militär. Aber es war auch eine Folter. Ich musste lernen, mir die Schuhe zu binden. Ich durfte nicht mit der linken Hand schreiben. Ich habe das alles unter ungeheurem inneren Druck gelernt. Meine Mutter war unerbittlich: Man musste jede Schwierigkeit bewältigen.

Jetzt können Sie alles mit der Hand machen?
Schreiben kann ich. Aber vieles kann ich nicht machen.

Ihr Vater hat die Weichen in Ihrem Leben gestellt. Sie schrieben einmal, er habe Sie gelehrt, dass große Kunst

von solchen Menschen am tiefsten geliebt wird, die am intensivsten leben.

Mein Vater war ein Genie, ein Prophet der Hellsicht. Er hat genau vorausgesehen, was kommen wird. Als die französischen Faschisten 1936 durch die Straßen zogen und «Lieber Hitler als Blum» riefen, holte er mich ans Fenster und sagte ganz ruhig: «Du musst nie, nie Angst haben, das nennt man die Geschichte.» Er wusste, dass Angst das Gefährlichste ist, und war der festen Überzeugung, dass alles interessant ist. Das ist schwer auszudrücken. Jetzt bin ich dem Ende ganz nah, und das wird auch interessant sein.

Ihr Vater wusste auch, dass Juden in Wien keine Zukunft mehr haben werden, und ist 1924 zum ersten Mal emigriert. Das war sehr vorausschauend.

Aber bitte, der Herr Hitler war ein Österreicher. Der tiefe Antisemitismus kommt von dort. Ich habe jetzt zwar seit Jahren die besten Beziehungen zur deutschen Kultur, aber ich weigere mich, in Österreich Vorlesungen zu halten. Dort ist der Neonazismus von einer Virulenz! Ich glaube, der Anschluss wäre dort noch immer sehr willkommen.

Warum sollte gerade Österreich besonders antisemitisch sein?

Das ist ein schwarzes katholisches Trauma, ich habe keine einfache Erklärung.

Sie haben Ihr Leben lang nach Gründen für den Antisemitismus gesucht. Wofür wurden die Juden gehasst?

Es gab drei große Fälle jüdischer Erpressung im Namen eines Ideals. Erst der mosaische Monotheismus, mit der furchtbaren Abstraktion: Man darf sich den jüdischen Gott nicht vorstellen, er ist wie die blanke Luft der Wüste. Dann kam der jüdische Christus in der Bergpredigt, die textuell aus den jüdischen Propheten hervorgeht: Du sollst deinen Feind lieben, was du nicht brauchst, sollst du weggeben. Das Dritte ist der messianische Sozialismus: Du sollst Vertrauen gegen Vertrauen tauschen, nicht das Geld gegen das Geld. Da sind wir in der Welt von Jesaja, Jeremias und Marx. Drei Mal sagt der Jude zu den Menschen: Du musst besser sein, als du bist. Dafür gibt es kein Verzeihen. Und wird es nie geben.

Aber auch Christen sind Monotheisten und glauben an einen verborgenen Gott.
Die Christenheit hat nichts mit Monotheismus zu tun! 3000 Heilige! Ich weiß nicht, wie viele Reliquien. Bitte! Das ist Polytheismus der offensichtlichsten Art, da gibt es kein wirkliches Verständnis. Bevor die Juden nicht freiwillig in die Ecclesia eintreten, kann es kein zweites Kommen Christi geben. Wir sind eure Geißeln. Sehr behaglich ist das nicht.

Ihre Familie ist 1940 mit dem letzten Schiff aus Genua nach Amerika ausgereist. Die meisten Deutschen Ihrer Generation beteuern immer wieder, sie hätten von der Judenvernichtung während des Zweiten Weltkrieges nichts gewusst. Wussten Sie davon?
Das ist ein Mythos, dass man das nicht wusste. Ich erzähle Ihnen eine wichtige Geschichte. 1940 schickte die französische Regierung meinen Vater nach New York, um Kampfflugzeuge zu kaufen. Im Wallstreet Club sitzt am Nachbartisch die deutsche Delegation. Ein Manager

von Siemens winkt meinen Vater zu sich und sagt: «Fritz, hol deine Familie da raus, wir kommen wie ein heißes Messer durch die Butter.» Mein Vater hat ihm geglaubt und uns sofort in die USA nachkommen lassen. Das hat uns gerettet.

Ihre Bildungsgeschichte begann im Alter von sechs Jahren, als Ihr Vater mit Ihnen Homer im Original gelesen hat. Das ist unglaublich.

Wissen Sie, es gibt zwei Arten von Menschen. Die, die sich selbst interessant finden, die Armen. Und die anderen, die etwas da draußen interessanter finden. Man kann sich spezialisieren auf Nachttöpfe der Ming-Dynastie, dann ist man glücklich. Man lernt, man arbeitet daran, man sammelt. Es kann alles sein, Sport oder Kunst. Wichtig ist, dass man sich ganz klein fühlt im Vergleich zu der objektiven Phänomenologie da draußen. Für mich war Homer mit sechs Jahren die aufregendste Geschichte der Welt. Ich habe gezittert vor Aufregung! Das war noch «la culture classique»!

Ihr Vater verehrte die europäische Schriftkultur, als wären es heilige Texte.

Das Wichtigste für ihn war: Jeden Tag etwas lernen! Er kam aus einer nordtschechischen Bauernkultur als Kind nach Wien, in die berühmte Favoritenstraße, wo nur Juden lebten. Und der Jude, der nach Österreich kam, war unterwegs in die Weltkultur. Wien ist die Stadt von Mahler, von Freud, von Wittgenstein, die jüdische Liste geht weiter und weiter. Die haben das 20. Jahrhundert gestaltet für uns alle. Für den Juden war die Kultur der Reisepass.

Ihre Bildung ist für uns Nachkriegskinder beängstigend. Es gibt wenige, die so umfassend in den europäischen Literaturen zu Hause sind wie Sie. Kann man heute nicht mehr so lesen und lernen, wie Sie gelernt und gelesen haben?

Ich bin da altmodisch. Unregelmäßige griechische Verben muss man mit Angst lernen. Im französischen Lyzeum in New York hatte ich einen wunderbaren Griechischlehrer, der Kreide nach uns geworfen hat. Ich glaube nicht, dass man das Schwierige mit Liebe lernt. Es gibt begabte Menschen, für die es keine Anstrengung gibt. Aber wir Durchschnittsmenschen müssen schwitzen und Angst haben. Wir brauchen die altmodische Disziplin des Lernens, und dann wird es eine Freude. Es dreht sich um. Eines Tages sagt man, auch ich kann Homer lesen.

Dennoch hat all das Griechischlernen und haben die vielen Homerstudien Europa im vorigen Jahrhundert nicht viel genutzt.

Das ist die Geschichte einer furchtbaren Enttäuschung. Gott, was hatte Deutschland für ein Musik- und Theaterleben! Man hätte geglaubt, dass die humanistischen Ideale, dass die Museen und Theater ein Schutz wären gegen das Unmenschliche. Aber es hat nicht nur nicht geschützt, sondern die Barbarei kam aus dem Boden der höchsten Kultur selbst. Während man in München Debussy gespielt hat, konnte man nebenan das Schreien hören aus den Zügen nach Dachau. Ich weiß, es ist eine sinnlose, eine dumme Bemerkung, aber ich muss sie machen: Auch die Musik hat nicht nein gesagt. Kein Kunstwerk hat nein gesagt.

**Und es hat Sie besonders gequält, dass die Lager aus-
gerechnet von einer der bedeutendsten europäischen
Hochkulturen errichtet wurden?**
Es hat mich viele Jahre meines Lebens gekostet, zu verste-
hen, warum es so schiefgegangen ist mit der Hochkultur.
Ich hatte Angst vor dieser Einsicht. Ich habe noch sehr
lange fast viktorianisch geglaubt, dass die Hochkultur die
Menschen besser macht.

**Inzwischen sprechen Sie von unserer Gegenwart sehr
melancholisch als einer Nachkultur, wenn Sie sehr böse
sind, sogar von einer Klokultur.**
Man kann sich von dieser Katastrophe nicht erholen, von
den zwei Weltkriegen, dem Holocaust und dem ganzen
Stalinismus. Man kann weitermachen, aber man erholt
sich nie. Denken Sie an die Verschwundenen, deren Kinder, deren Enkelkinder sind auch verschwunden. Und sie
fehlen noch immer.

**Aber diese Schuld kann nicht bis in alle Ewigkeit weiter-
vererbt werden.**
Das Menschentöten geht ja weiter und weiter. Es gibt
heute mehr Sklavenarbeit auf der Erde als in der alten
Welt. In Syrien verhungern Kinder, die müsste man retten, man rettet sie aber nicht. Wir sind Tag für Tag bom-
bardiert vom Monströsen.

**Warum sind Sie nach dem Zweiten Weltkrieg trotz allem
nach Europa zurückgekehrt?**
Das war das nächste Drama. Mir standen als jungem Aka-
demiker in Amerika alle Türen offen, man bot mir gleich
zwei Lehrstühle in Vergleichender Literaturwissenschaft

an. Doch mein Vater sagte: «Wenn du in Amerika bleibst, hat Hitler gewonnen.» Was für ein Stolz lag in diesen Worten! Am selben Abend sagte ich zu meiner jungen amerikanischen Frau: Wir gehen nach Europa.

Bedauern Sie das?

Unsere Kinder und Enkel leben in Amerika. Es ist der einzige Ort auf der Welt, an dem die Rolltreppe für Juden noch hinaufgeht. Dort hätte ich ein viel normaleres Leben gehabt. Dagegen spricht: Hier rede ich in meinen vier Sprachen. Ohne die kann ich nicht denken und nicht fühlen. Ich bin meine vier Sprachen. Das ist nur in Europa möglich, mit allen Einschränkungen, denn in Europa geht es uns sehr schlecht, geistig und menschlich. Es mag hin und wieder günstige Konjunkturen geben, auch mal ein Wirtschaftswunder. Aber vor allem gibt es hier eine tiefe Müdigkeit. Wo immer ich in der Welt herumgereist bin, glaubt die Jugend an die Zukunft. Nur nicht in Europa. Hier wollen die Begabtesten weg.

Was war Ihr Lebenstraum, als Sie jung waren?

Da rühren Sie an einen sehr wunden Punkt, da will ich langsam reden. Ich wollte Schriftsteller sein oder vielleicht auch Maler oder Zeichner. Aber für meinen Vater war der Lehrer, der Rabbi, das Höchste. Er hat gesagt, dass der Erfolg, den er finanziell hatte, nur das Ziel gehabt habe, mich als Lehrer zu wissen, der andere lehrt, das Große zu lieben. Ich habe es angenommen. Ich habe nicht versucht, ein Schriftsteller zu werden. Kultur war unser Weg in die Welt, das muss man weitergeben.

Später haben Sie protestiert gegen die Übermacht der sekundären Welt. Sie haben beklagt, dass die Flut der Kommentare und das Kulturgeschwätz das Kunstwerk zum Verschwinden bringe.

Der Schriftsteller, der Künstler, der Musiker sind für mich die Realität. Der Briefträger, der ihre Botschaften austrägt, das bin ich. Nie soll man die beiden vermischen. Aber das Heiligste ist dennoch, ein Lehrer zu sein. Das ist tief, tief jüdisch und hat mein Leben entschieden. Ich musste den Bildungsauftrag der großen jüdischen Tradition annehmen und akzeptieren, dass man selbst nichts Erstklassiges zu schaffen habe. Nur Kommentar, Mimesis, Imitation, Genie des Kritikers, aber nicht das Mysterium tremendum des Schaffens.

Sie haben Ihrem Vater und der jüdischen Tradition Ihren Jugendtraum geopfert.

Jetzt, wo es zum Ende kommt, ist da natürlich die große Enttäuschung. Über mich selbst, nicht über meine Eltern. Wäre ich ein anderer Mensch gewesen, hätte ich nein gesagt. Ich probierte es als freier Schriftsteller. Ich habe viele Gedichte geschrieben, die alle nicht publiziert sind. Aber ich war meinen Eltern sehr nahe. Maman hätte es vielleicht bei mir riskiert. Sie war eine Wiener Grande Dame, sehr kunstorientiert. Sie hätte mir vielleicht den Mut gegeben. Aber irgendwie war es zu spät.

Haben Sie ein letztes großes Projekt?

Ich arbeite an einer letzten Hypothese über den universalen Judenhass. Es gibt jetzt auf der Erde mehr Juden als vor dem Holocaust. Und das ist ein Skandal, ein ontologischer, metaphysischer und menschlicher Skandal, den man uns wieder nicht verzeiht. Wo sind die Etrusker heute? Wo sind die Griechen, das begabteste Volk der Menschheit? Die Römer? Alle verschwunden. Doch das paradoxale Überleben der Juden dauert nun schon viereinhalbtausend Jahre. Das fängt langsam an, ernst zu werden. Im Judentum liegt ein Pakt mit dem Leben, mit dem Am-Leben-Sein, den es in keiner anderen Kultur gibt. Der Jude, der den Tod so viel erlebt hat, sagt nein zum Tod. Davon wird mein nächstes Buch erzählen.

Was denken Sie, wenn Sie an Ihren eigenen Tod denken?
Dass ich dann keine Einkommensteuererklärung mehr machen muss.

Am Ende Ihres großen Werkes stand ein kleines, sehr erfolgreiches Buch, das davon handelt, warum Denken traurig macht.
Traurigsein ist nicht das Schlimmste, das sind die *Marienbader Elegien* eines Lebens. Aber man macht sich lächerlich als alter Pessimist. In Wahrheit sind wir das Ende und ein neuer Anfang, wir leben in einer Übergangsperiode. Ich selbst bin nicht in der Lage, die schwarzen Löcher des Universums zu verstehen, aber die Jungen können das. Das ist phantastisch.

Sind Sie sehr einsam?
Und wie! Ich bin sehr, sehr einsam, innerlich. Seit dem Tod von ganz großen Menschen wie Gershom Scholem habe ich beinahe niemanden. Einige Male kam James Watson zu mir, zuletzt letztes Jahr. Ich bin lieber mit Tieren zusammen als mit Menschen. Ich schäme mich, aber so ist

es. Die Tiere schweigen. Das ist die totale Verständigung. Mein Hund wird wissen, wie das Interview war, er riecht bei mir das Vibrato des Seins, ich kann's nicht anders erklären.

PATRICK MODIANO

«In der Landschaft des Inneren steht die Zeit still.»

Als die Welt im Oktober 2014 die Nachricht vom Literaturnobelpreis für Patrick Modiano erhielt, ging der Autor im Jardin du Luxembourg spazieren. Wenig später trat der große, schlanke Mann in den Räumen seines Verlages Gallimard vor die Kameras, zuckte mit den Schultern, blinzelte durch seine schwarze Brille und stammelte, er wisse nicht, warum ihm der Preis verliehen werde. Dieser, gemessen an den üblichen Standards der Autorenselbstpräsentation, sympathisch glanzlose und schmallippige Auftritt des Preisträgers ließ für das Interview, das ich für einige Wochen später mit ihm verabredet hatte, nichts Gutes hoffen. Modiano wirkte, als sei er einem der melancholischen Junggesellenromane von Emmanuel Bove entsprungen, deren einsame Pariser Helden mehrere hundert Seiten lang kaum ein Wort sprechen und, wenn sie es dennoch versuchen, nicht wissen, was sie sagen sollen.

Patrick Modiano hat zahllose Romane in einem leicht verschatteten, aber äußerst eleganten klassischen Französisch geschrieben, deshalb ist viel darüber gerätselt worden, warum er sich im wahren Leben nur mühsam stotternd und wie durch dicken Nebel tastend mitteilen kann. Die Lösung dieses Rätsels muss im Dunkel jener

Jahre liegen, um die beinahe jeder seiner schmalen Romane kreist.

Modiano wurde 1945 gleich nach dem Krieg geboren und wuchs in der Unbehaustheit eines unbürgerlichen Elternhauses am Quai de Conti Nr. 15 auf, in einer Maisonettewohnung mit Blick auf die Seine und den Louvre, in der sich die wechselnden Lebensgefährten und zahllosen Freunde seiner geschiedenen Eltern die Klinke in die Hand gaben. 1957 starb sein zwei Jahre jüngerer Bruder Rudy. Rudy, sagen die Menschen, die den Autor gut kennen, ist der Schlüssel zum Rätsel Modiano. Seit Rudys Tod scheint der verwackelte und ungeschnittene Schwarz-Weiß-Film, der Modianos Kindheit im Herzen von Paris war, ununterbrochen in seinem Kopf weiterzulaufen. Mit vierzehn Jahren beginnt er seinen ersten Roman. Seither schreibt er in traumatischer Besessenheit an einer Flut von 150-Seiten-Romanen, die alle, wie er einmal eingeräumt hat, «un peu le même livre», so ziemlich ein und dasselbe Buch seien. Dieses Lebensbuch ist tief verankert in der Topographie von Paris und in der klassischen Moderne der französischen Literatur – Modiano ist ein unermüdlicher Flaneur in den Pariser Quartiers und ein direkter Nachfahre von Emmanuel Bove, Eugène Ionesco, Robert Pinget, Claude Simon und Raymond Queneau (mit dem seine Mutter eng befreundet war).

In seinem autobiographischen Bericht *Ein Stammbaum* hat Modiano einmal direkt von seiner Kindheit erzählt. Von seiner Mutter, einem Arbeiterkind aus Flandern, das Schauspielerin werden wollte und in den vierziger Jahren in das Pariser Midinettenmilieu eintauchte. Und von seinem Vater, einem Pariser Juden mit italienischen, griechischen und spanischen Wurzeln, der sich während

der Okkupation unter wechselnden Namen an wechselnden Pariser Adressen mit undurchsichtigen Geschäften
durchschlug. Er tauchte unter in einem Menschenwirbel
aus japanischen Schauspielern, deutschen Juden, maureta-
nischen Geliebten, australischen Autorennfahrern, russischen Mannequins und niederländischen Malern, die später alle durch die Romane seines Sohnes hindurchhuschen
werden. Das jüdische Schicksal des Vaters wiederholt
sich auf diese Weise in der zerbrochenen Poetologie des
Sohnes, in den vielen durch das Pariser Halbdunkel seiner
Bücher irrenden Passanten einer Epoche, die Modiano
nicht erlebt, aber tief verinnerlicht hat.

Für mein Treffen mit dem Nobelpreisträger bekom-
me ich eine Uhrzeit, eine Hausnummer in der Rue Bona-
parte und einen Türcode. Zur verabredeten Stunde klopfe
ich an die gigantische Wohnungstür im ersten Stock, an
der kein Name steht. In Inneren der Wohnung bleibt es
still. Erst als ich mich Minuten später zum Gehen wende,
öffnet sich die Tür, und Patrick Modiano sagt leise «oui»,
als sei er gerade aus einem Traum erwacht. Wir nehmen
nebeneinander auf dem großen roten Sofa im bücherüberladenen Salon Platz. Tastend und immer wieder lange nach den richtigen Worten suchend (und ungeduldig
mit der Zunge schnalzend, wenn sie sich nicht einstellen
wollen), antwortet Modiano auf meine Fragen, als würde
er über alles, was er sagt, gerade zum ersten Mal nachdenken. Vielleicht ist seine große Schüchternheit nichts anderes als die besonders sorgsame Verfertigung des Denkens
beim Stottern.

Hat das Viertel, in dem Sie leben, mit dem Paris, über das Sie seit fünfzig Jahren schreiben, noch etwas zu tun?
Überhaupt nichts. Früher verbanden sich mit dem Quartier viele schmerzliche Erinnerungen, denn ich habe hier meine Kindheit verbracht. Heute hat das keine Bedeutung mehr, denn das Viertel hat nichts mehr mit dem zu tun, das es einmal war. Man kann das jungen Leuten schwer erklären. Es ist so, wie wenn man einen Hund oder eine Katze hatte, die gestorben ist und ausgestopft wurde. Die Häuser hier sind noch dieselben, aber sie sind wie ausgestopft. Sie sind Mumien. Es ist alles ausgehöhlt und leblos, als hätte jemand den Stecker aus der Steckdose gezogen.

Sie leben hier in einer der begehrtesten und teuersten Gegenden der Welt – und im Kopf in einer Stadt, die es nicht mehr gibt?
Mir kommt es vor, als sei Paris in Cellophanpapier eingewickelt. Alles ist aseptisch. Es stellt sich kein direkter Kontakt mehr her.

Können junge Leute heute deswegen nicht mehr so prägende Stadterfahrungen machen, wie Sie sie in Ihrer Jugend gemacht haben?
Es gibt ganz neue moderne Viertel im Osten der Stadt, die für einen jungen Autor sehr interessant sein können. Vielleicht kann man hier noch ein Geheimnis finden.

Was war es denn, das Ihre Jugend so geheimnisvoll gemacht hat?
Das ist schwer zu erklären. Es gab so viele geheimnisvolle Gegenstände, die Telefone, die Garagen, Dinge auf der

Straße. Heute sind die Dinge viel geheimnisloser. Und das liegt nicht nur an meinem Alter.

Vielleicht fühlen sich Menschen, die ihre wichtigsten Erfahrungen im 20. Jahrhundert gemacht haben, im 21. Jahrhundert einfach als Fremde?
Ja, das stimmt, es gibt einen Bruch. Vielleicht ist er nicht ganz so stark wie der von 1914. Aber Sie haben recht, der Graben liegt irgendwo um das Jahr 2000.

Haben Sie Heimweh nach dem 20. Jahrhundert?
Das 20. Jahrhundert ist mir schon ein wenig entrückt. Ich sehe es wie durch eine Glasscheibe. Wenn ich heute durch diese modernen Pariser Viertel gehe, habe ich das Gefühl, dass Vergangenheit und Gegenwart sich überlagern und die Zeit stillsteht. Ich kann das nur schwer erklären. Aber es hat überhaupt nichts mit der Suche nach der verlorenen Zeit zu tun. Die verschiedenen Schichten der Zeit legen sich übereinander, und das Ganze wird beinahe durchsichtig.

Ein Moment der Ewigkeit?
Eine Ewigkeit aus übereinandergelagerten Zeiten. Aber es gelingt mir nicht immer, diese Durchsichtigkeit der Zeit auszudrücken, diese Gleichzeitigkeit, in der alle Zeiten enthalten sind.

Vielleicht kann ein Gedicht das besser?
Ja, das sind sehr flüchtige Empfindungen, die ein Gedicht besser einfangen kann. Es ist etwas sehr Eigenartiges, wenn die Zeit plötzlich durchsichtig wird.

Hat Proust nicht etwas Vergleichbares ausdrücken wollen, als seinen Erzähler beim Geschmack einer in Tee getunkten Madeleine die Erinnerung an die verlorene Zeit überfiel?

Prousts Suche nach der verlorenen Zeit ist sehr autoritär, er tut so, als könne man die Zeit zurückrufen. Er beschreibt eine statische Gesellschaft des 19. Jahrhunderts mit fest umrissenen Charakteren. Für mich ist das alles viel komplizierter.

Gibt es für Sie eine Zeit, die Ihnen im Rückblick wie das eigentliche Leben vorkommt, sodass alles Spätere nur noch Wiederholungen und Variationen dieser entscheidenden Lebensphase waren?

Ich war als Kind ziemlich viel mir selbst überlassen und ging ständig allein in Paris spazieren. Ich war acht Jahre alt, als ich die Seine zum ersten Mal allein überquert habe. So etwas prägt sich sehr tief ein, tiefer als alles andere. Später haben sich diese Bilder jedoch in etwas verwandelt, das außerhalb der Zeit liegt, sie wurden zu einer inneren Landschaft, in der die Zeit stillsteht.

Als Leser hat man das Gefühl, dass Ihr Werk eine immer neu unternommene Rückkehr zu den ersten Bildern Ihrer Jugend ist.

Es geht in meinen Büchern überhaupt nicht um mein eigenes Leben oder darum, mich selbst besser zu verstehen. Ich benutzte nur Empfindungen, die ich gehabt habe, und Stimmungen, in denen ich gelebt habe. In meiner Jugend wurde man zum Beispiel erst mit 21 Jahren volljährig. Bis zu diesem Alter war man irgendwie illegitim und klandestin. Es gab nachts Polizeikontrollen, und man durfte nicht auf der Straße aufgegriffen werden. Zur Zeit des Algerienkrieges gab es eine bedrohliche Stimmung in der Stadt, besonders in der Nacht, es gab Anschläge und eine eigenartige Polizeiatmosphäre. Das sind Urbilder, auf die ich immer wieder zurückkomme.

Diese Eindrücke haben Sie dann auch auf die Zeit der Okkupation übertragen, die Sie nicht erlebt haben, deren Atmosphäre aber in vielen Ihrer Romane eine wichtige Rolle spielt?
Ja, aber später ist diese Stimmung der Okkupation für mich ein allgemeines Lebensgefühl geworden, das sich völlig von der geschichtlichen Wirklichkeit gelöst hat.

Dennoch werden Sie sehr dafür bewundert, dass Sie als einer der ersten französischen Autoren über das verdrängte Kapitel der deutschen Besetzung von Paris geschrieben haben.
Ich denke immer, ich wäre ohne die Okkupation nicht geboren worden. Mein Leben verdankt sich Begegnungen, die es nur in so schwierigen Zeiten gibt. Es war ein solches Durcheinander.

Und dieses Grundgefühl, dass das Leben im Kern unverständlich und unerklärlich ist, hat Sie nie wieder verlassen?
Wie soll ich das beschreiben? Normalerweise ist es so: Auch wenn man eine unglückliche Kindheit hat, kommt sie einem als Kind ganz normal vor. Erst nachträglich erschien mir meine Kindheit rätselhaft. Mit der Okkupation war es genauso. Ich verstand nicht, was meine Eltern in dieser Zeit gemacht haben. Später fand ich Hefte, Zettel,

kleinste Spuren ihres Lebens und versuchte, das Rätsel zu lösen. Man kann sagen, ich fing an zu schreiben, um ein Geheimnis aufzudecken.

Warum haben Sie Ihre Eltern nicht einfach gefragt?
Ich konnte sie nicht fragen. Meinen Vater habe ich mit 16 Jahren zum letzten Mal gesehen, obwohl er erst viel später gestorben ist. Aber er hätte mir auch nie geantwortet. Meiner Mutter Fragen zu stellen war auch schwierig.

Sie war eine flämische Filmschauspielerin und hatte wenig Zeit für ihre Kinder. Sogar ihr Hund soll sich umgebracht haben, weil er von ihr so vernachlässigt wurde. Sie haben einmal geschrieben, dass Sie sich diesem Hund sehr nahe gefühlt haben.
Meine Mutter hat sich um den Hund nicht gekümmert. Der Vergleich mit mir war vielleicht ein bisschen übertrieben. Aber ich wurde wie der Hund ständig bei irgendwelchen Leuten abgegeben und habe nie verstanden, wer diese Leute waren. Einen Hund bringt so etwas völlig durcheinander.

In Ihrem autobiographischen Text *Ein Stammbaum* schreiben Sie ziemlich kalt und nüchtern über Ihre Mutter und Ihre einsame Jugend.
Ich wollte das einfach nur festhalten, so wie es war. Das Buch ist keine Autobiographie. Alles Intime habe ich weggelassen. Ich mag Autobiographien nicht. Wenn man über sehr nahe Menschen schreibt, kommt man leicht in eine lächerliche Rolle, man spielt sich auf, man legt sich die Dinge zurecht, man wird süffisant.

Ihr Vater war ein Jude mit italienischen Wurzeln, der sich vor der Deportation retten konnte und sich weigerte, den Judenstern zu tragen.

Er ist ein Mensch, der mir unverständlich geblieben ist. Sein Judentum war nichts, das ihn beschäftigt hätte. Er wusste nicht, wer er war. Er war ungreifbar, ein typischer Pariser. Er kannte die ganze Stadt. Er traf ihren Ton.

Über Ihren Bruder Rudy haben Sie in Ihren Erinnerungen geschrieben, «abgesehen von meinem Bruder Rudy, seinem Tod, betrifft mich, glaube ich, nichts wirklich von allem, was ich hier erzähle». Sie haben Ihrem toten Bruder Ihre ersten acht Romane gewidmet.

Ja, sein Tod war sehr einschneidend, eine Art Matrix meines Lebens, die in meinem Schreiben immer wiederkehrt. Ich suche ständig nach verschwundenen Menschen, gehe Spuren nach.

Wann war klar, dass Sie Schriftsteller werden?

Ich schreibe, seit ich zehn Jahre alt bin. Seit meinem 14. Lebensjahr versuchte ich immer wieder vergeblich in den langen Sommerferien, einen Roman zu schreiben. Dann, mit 19, wollte ich Medizin studieren. Aber ich hatte kein naturwissenschaftliches Abitur, das man dazu brauchte. Also habe ich, weil ich ja etwas tun musste, mit 19 meinen ersten richtigen Roman begonnen.

Das war der Roman *La Place de l'Étoile*, der im April 1968 bei Gallimard veröffentlicht wurde. Da waren Sie 23. Seither haben Sie beinahe Jahr für Jahr einen neuen Roman geschrieben.

Das liegt daran, dass ich nach jedem Buch das Gefühl

habe, wieder gescheitert zu sein. Dann beginne ich sofort das nächste.

Vielleicht sind all diese Romane in Wahrheit nur ein einziger Roman, der nie aufhört?
Manchmal komme ich mir vor wie ein Fotograf, der immer dasselbe aus neuen Blickwinkeln fotografiert. Häufig tauchen auch Szenen aus einem alten Buch in leichten Variationen in einem neuen Buch wieder auf, weil ich vergessen habe, dass ich sie so ähnlich schon geschrieben habe. Die Schriftsteller des 19. Jahrhunderts hatten noch die Energie, ihre Bücher wie massive Kathedralen zu bauen. Mir bleiben nur kleinste Bausteine, Fetzen. Meine Bücher sind so zerrissen wie mein Jahrhundert.

Aber es werden heute wieder sehr stabile, geradezu vulgär-realistische Romane geschrieben.
Ja, es gibt so etwas wie einen neuen Realismus, weil die Wirklichkeit einen solchen Druck ausübt. Die jungen Autoren werden von der Realität derartig absorbiert, dass sie keine Kraft für das Imaginäre haben.

Hören Sie eigentlich die Stimme, die Leser Ihrer Romane so süchtig macht, irgendwo in Ihrem Inneren beim Schreiben?
Ja, es gibt da eine Art Stimme. Wenn ich schreibe, habe ich das Gefühl, das ist meine wahre Stimme. Das Gefühl ist viel stärker als beim Sprechen. Ja, es stimmt, beim Schreiben finde ich meine wahre Stimme.

Ist das Schreiben eine schwere Arbeit?
Es muss immer ziemlich direkt sein und ohne allzu viele

Adjektive auskommen, sonst wird das Ganze zu rhetorisch. Es gibt Autoren, die viele Stunden am Tag schreiben und viele verschiedene Fassungen eines Buches herstellen. Bei mir muss der erste Wurf ziemlich präzise sein, ich schreibe ziemlich schnell, ohne zu zögern, wie ein Chirurg, der am offenen Körper arbeitet. Das halte ich nicht sehr lange durch, allenfalls zwei oder drei Stunden. Es ist auch nicht sehr angenehm. Danach mache ich nur noch kleine mikrochirurgische Korrekturen.

Sehr wichtig sind auch die vielen Namen der Pariser Straßen und Plätze. Sie wirken wie die einzig verlässlichen Anker in der suggestiven Atmosphäre Ihrer Bücher.
Ja, es sind Haltepunkte, Möglichkeiten, den Raum zu kontrollieren.

Es heißt, Sie würden Paris so gut wie nie verlassen?
Mich ängstigen Reisen. Aber wenn ich an einem neuen Ort bin, kann ich dort sehr lange bleiben. Berlin war für mich sehr interessant. Ich hatte den seltsamen Eindruck, dass die Stadt genauso alt ist wie ich. Ich habe alte Berliner Telefonbücher gefunden, die nach Straßen und Hausnummern geordnet waren. Das waren alles Häuser, die es nicht mehr gibt.

Wenn Sie jetzt, mit beinahe 70 Jahren, auf Ihr Leben zurückblicken, was würden Sie anders machen?
Vielleicht würde ich den Anfang meines Lebens zwischen 15 und 25 gerne ändern, diese Zeit, in der man noch nicht richtig leben konnte. Aber gleichzeitig ist das idiotisch, weil auch das ungelebte Leben zu irgendetwas nutze ist. Man steht abseits und kann beobachten.

Beurteilt man im Alter sein Leben neu?
Im Alter verlängern sich die Perspektiven. Man ist so vielen Menschen begegnet, oft ohne zu wissen, wer sie sind. Es gibt sehr verwirrende Dinge, Menschen, die eine wichtige Rolle für einen spielen und die man früher schon einmal getroffen hat, ohne es zu merken. Ich sehe Silhouetten auf der Straße, die mich an Menschen erinnern, die ich vor 50 Jahren gekannt habe. Ich laufe durch Straßen und erinnere mich daran, wie sie vor 40, 50 Jahren ausgesehen haben. Aber man sieht immer nur Ausschnitte. Ein ganzes Leben ist etwas sehr Seltsames. Es wäre faszinierend, am Ende einmal das Ganze auf einmal zu sehen.

Halten Sie es für möglich, am Lebensende eine Art Universalroman zu schreiben, in dem all das aufgehoben ist?
Das absolute Buch war eine Idee des 19. Jahrhunderts. Ich glaube, es ist viel interessanter, wenn man nur Scherben und Fetzen in den Händen hält. Das lässt einem die Freiheit zu träumen. Das Absolute hat immer etwas Gewaltsames.

Und Träume sollten besser nicht in Erfüllung gehen?
Nein, das Leben führt doch auch nirgendwohin, alles muss offen bleiben. Alles muss weitergehen.

Am 10. Dezember wird Ihnen der schwedische König in Stockholm den Nobelpreis überreichen. Es gibt viele Laureaten, die danach kaum noch etwas geschrieben haben.
Wer hat das gesagt, dass der Nobelpreis der Todeskuss für den Schriftsteller ist?

Das war John Steinbeck.
Ich verstehe das nicht, warum sollte man nicht weiterschreiben? Es bleibt doch die Unzufriedenheit, die einen
antreibt.

**Haben Sie nicht manchmal Lust, den Laden zu schließen
und zu sagen, das war es jetzt?**
Schon, aber das Schreiben ist eine Droge, die ich brauche,
um nicht unterzugehen.

AMOS OZ

«Ich selbst bin gar nicht so wichtig.
Heute bin ich noch da,
morgen werde ich weg sein.»

Der israelische Schriftsteller Amos Oz hat sein Leben lang ein Geheimnis mit sich herumgetragen, von dem er erst spät in seiner literarischen Autobiographie *Eine Geschichte von Liebe und Finsternis* erzählen konnte. Es geht um den 6. Januar 1952. An diesem Tag fuhr Fania Klausner von Jerusalem nach Tel Aviv und kam nie wieder zu ihrem Sohn Amos zurück. Jahrelang hatte die Mutter in der kleinen dunklen Kellerwohnung der Familie in Jerusalem an Depressionen gelitten. Immer wieder hoffte man auf Besserung, aber schließlich hielt sie es nicht mehr aus und ging in den Tod.

Nach diesem Januartag wollte der kleine Amos alles anders machen als sein Vater Jehuda Arie Klausner, der aus einer berühmten osteuropäischen Gelehrtenfamilie stammte, immerzu las, elf europäische Sprachen beherrschte und dem praktischen Leben hilflos gegenüberstand. Er legte den Namen seines Vaters ab und nannte sich Oz, was Kraft bedeutet. Bald nach dem Freitod der Mutter trat der fünfzehnjährige Amos Oz in einen Kibbuz ein. Hier blieb er vierzig Jahre, heiratete, sah seine Kinder groß werden und arbeitete. Doch am Ende seines Lebens stellte er fest, dass man seiner Herkunft niemals entkommt und die Eltern in seinem Inneren nicht zum Schweigen bringt.

Amos Oz war über siebzig Jahre alt, als er dem Unglück seiner Mutter noch tiefer auf den Grund ging, indem er ein Buch über den Ursprung des Antisemitismus schrieb. Dieses Buch zu schreiben ist ihm schwergefallen, er musste die Arbeit daran immer wieder unterbrechen. Als ich Amos Oz im Frühjahr 2015 in seiner Wohnung im zwölften Stock eines modernen Appartementhauses am Stadtrand von Tel Aviv besuche, ist der Roman *Judas* gerade erschienen. Wir sitzen in seinem Arbeitszimmer, das Fenster gibt den Blick frei über das moderne Häuserfeld von Tel Aviv. In der Ferne ahnt man das Meer.

Sie gehören zu der ersten Generation in Israel, die von Kind an Hebräisch spricht. Was ist das für ein Gefühl, als erster Mensch in der Familie eine Sprache zu sprechen?
Als ich ein Kind war, sprachen alle über Vierzigjährigen um mich herum andere Sprachen. Nur wir Kinder sprachen Hebräisch. Ich dachte, wenn ich erst einmal vierzig bin, spreche ich ebenfalls Jiddisch. Als wäre Jiddischsprechen eine Sache, die erst mit dem Alter kommt.

Ihre Eltern waren osteuropäische Intellektuelle, die elf Sprachen beherrschten. In Ihren Romanen beschreiben Sie diese erste Einwandergeneration so, als hätte sie ein dunkles Geheimnis, an das man nicht rühren darf.
Mein autobiographischer Roman *Eine Geschichte von Liebe und Finsternis* ist eine Tragikomödie über die ersten Einwanderer. Sie hofften, ihre Herkunft zu vergessen, aber sie war unauslöschbar, sie steckte in ihren Träumen, in ihren Gefühlen und in ihren Büchern.

Als ich den Roman las, hatte ich das Gefühl, zum ersten Mal wirklich zu verstehen, was es hieß, hier in der Wüste bei null anzufangen.

Das ist eine Illusion, niemand fängt je bei null an. Menschen können sich verändern, sie wechseln ihre Sprache, ihre Religion und ihre Ideologie. Aber sie werden niemals neu geboren.

Glaubten Sie als junger Mann nicht, dass es möglich sein muss, sich selbst neu zu erfinden?

Als ich 14 war, rebellierte ich gegen die Welt meines Vaters. Ich änderte meinen Namen. Ich wollte werden, wie er nie gewesen war. Er war ein Gelehrter, ich wollte Traktorfahrer werden. Er war ein Intellektueller, ich wollte Farmer werden. Er war ein Rechtsnationaler, ich wollte Sozialdemokrat werden. Er war ein kleiner Mann, ich wollte ein groß gewachsener Mann werden. Wie Sie sehen, ist mir nichts davon gelungen. Ich bin ein kleiner Mann und sitze hier in meiner Wohnung voller Bücher. Ich tue genau das, was mein Vater von mir wollte.

Man wird die Eltern in sich nicht los?

Das geheime Gespräch mit den Toten hört nicht auf. Mein Vater starb vor 45 Jahren, und noch immer streite ich an jedem Tag mit ihm. Wenn die Eltern sterben, bücken wir uns, heben sie auf, stecken sie irgendwo in uns hinein und sind für den Rest unseres Lebens mit ihnen schwanger. Jeder Mensch ist eine Art Matroschka und trägt die Traumata, die Sehnsüchte und die Enttäuschungen der vorangegangenen Generationen mit sich herum.

Ihre Eltern haben versucht, dieser Wiederholungsschlaufe zu entkommen. Sie haben Ihnen keine der elf europäischen Sprachen beigebracht, die sie sprachen.

Sie dachten, wenn ich auch nur eine europäische Sprache spräche, würde ich vom tödlichen Charme Europas verführt, würde dort hinfahren und würde ermordet. Denn das machen Europäer mit Juden, sie bringen sie um.

Sie wollten Europa vergessen.

Wie hätten sie es vergessen können! Niemand ist wirklich an dem Tag geboren, der in seinem Ausweis steht. Wir sind lange davor geboren.

Ihre Eltern waren sehr unglücklich.

Das versteht sich von selbst. Sie wurden aus Europa vertrieben. Zum Glück, denn hätte man sie in den dreißiger Jahren nicht vertrieben, hätte man sie in den vierziger Jahren umgebracht. Sie liebten Europa, aber Europa liebte sie nicht zurück.

Es gibt heute so gut wie niemand mehr auf der Welt, der elf Sprachen spricht.

Heute will ja jeder Europäer sein, sogar die Ukrainer. Aber vor 90 Jahren waren die Juden die einzigen echten Europäer in Europa. Deshalb nannte man sie Kosmopoliten, wurzellose Intellektuelle, Parasiten. Meine Eltern liebten die europäische Kultur, die europäischen Landschaften, das europäische Klima und vor allem die Musik. Unsere kleine Jerusalemer Kellerwohnung war voller Bücher in allen europäischen Sprachen.

Ist Israel heute weniger europäisch?
Man kann nicht sagen, dass die europäische Vergangenheit in Israel verschwunden ist. In den vergangenen Monaten sind gerade Zehntausende Juden aus Frankreich nach Israel eingewandert. Die Tragödie meiner Eltern ist noch lange nicht vorbei.

Sie sind nach dem Selbstmord Ihrer Mutter als Fünfzehnjähriger in einen Kibbuz eingetreten. Dort haben Sie Ihr halbes Leben verbracht.
Der Kibbuz Hulda war die beste Universität. Wenn ich die Jahre, die ich im Kibbuz verbracht habe, durch Europa, durch indische Aschrams oder südamerikanische Dschungel gereist wäre, hätte ich nicht einen Bruchteil dessen über die Menschen gelernt, was ich im Kibbuz gelernt habe.

Es hat sehr lange gedauert, bis Sie über den Selbstmord Ihrer Mutter sprechen konnten.
Ich brauchte vierzig Jahre, bevor ich über meine Mutter sprechen konnte. Aber lassen Sie uns noch etwas über meinen neuen Roman reden …

… _Judas_, der in diesen Tagen erscheint.
Es geschieht wenig in diesem Roman. Drei Leute sitzen einen Winter lang in einem Haus am Rand von Jerusalem. Sie sind 25, 70 und 45 Jahre alt. Ein junger Revolutionär, ein alter Antiidealist und eine von den Männern enttäuschte Frau.

Es gibt auch ein paar Geister in dem Haus.
Judas und der Geist Jesu nehmen teil an dem Drama zwi-

schen diesen drei Menschen. Auch Abrabanel, der Geist des verstorbenen Vaters der Frau, ist im Haus. Es geht um Verrat und Loyalität und darum, dass nicht alles, was wie Verrat aussieht, wirklich Verrat ist. Manchmal sind die Verräter ihrer Zeit nur ein wenig voraus.

So wie Judas, der Jesus durch den berühmten Kuss verraten hat?
Judas liebte Jesus und glaubte mehr an ihn, als Jesus an sich selber glaubte. Jesus war sich nicht sicher, was bei der Kreuzigung geschehen würde, er war nervös. Das steht im Neuen Testament.

Was hat das mit den drei Leuten zu tun, die sich im Winter 1959 in einem einsamen Jerusalemer Haus lieben lernen?
Es hat damit zu tun, dass Menschen sich ändern. Das fasziniert mich. Wir verändern uns, und wir verändern die anderen. Durch Ehen, durch Freundschaften, durch Elternschaft, durch Arbeit, durch Bücher. Judas glaubt am Ende nicht mehr, dass Jesus Gottes Sohn ist. So wie der junge Mann, der an einem Buch über Jesus aus jüdischer Sicht schreibt, am Ende nicht mehr an seine revolutionären Ideen glaubt. So wie Abrabanel unter dem Einfluss der anderen nicht mehr an die universelle Liebe glaubt.

Auch er verliert das Vertrauen in eine urchristliche Idee.
Liebe ist ein sehr intimes Gefühl, und wir haben nicht so viel davon in uns, um alle Menschen zu lieben. Menschen können in ihrem Leben allenfalls fünf bis zehn andere Menschen lieben. In Ausnahmefällen vielleicht auch fünfzehn. Und diese Liebe hat nichts mit singenden Vögel-

chen im Sonnenschein zu tun, sie ist gefährlich, sie macht Angst, sie ist eine sehr egoistische Angelegenheit. Der Roman attackiert die Idee von der universellen Liebe.

Was interessiert Sie an Judas?
Mich verfolgt diese Frage mein ganzes Leben lang: Warum haben die Juden Jesus nicht anerkannt? Jesus wollte nie eine neue Religion gründen. Er war ein jüdischer Reformator. Er hat das Wort Kirche nie im Leben ausgesprochen, er ging in die Synagoge.

Warum beschäftigt Sie das so sehr?
Ich habe das Neue Testament im Alter von sechzehn Jahren zum ersten Mal gelesen, weil ich die Renaissancekunst besser verstehen wollte, die Musik von Bach, die Bücher von Dostojewskij. Ich mochte Jesus sofort. Aber ich hatte ein Problem mit Judas. Der Judaskuss war für mich unglaubwürdig. Einmal wegen der Belohnung: 30 Silberlinge. Ich habe versucht herauszufinden, wie viel 30 Silberlinge heute wert wären: ungefähr 600 Euro. Nicht ganz wenig. Aber warum sollte ein wohlhabender Mann wie Judas seinen Gott für 600 Euro verkaufen? Und selbst wenn er den Verrat für Geld begangen haben sollte, warum hat er sich dann noch am selben Abend aufgehängt? Die Geschichte stimmte für mich von vorne bis hinten nicht.

Die Judasgeschichte ist die Urgeschichte des Antisemitismus.
Sie ist seit 2000 Jahren das Tschernobyl des Antisemitismus. Denken Sie an die Renaissancebilder vom letzten Abendmahl. Die Jünger sehen alle sehr arisch aus, blond

und blauäugig. Judas sitzt in der Ecke und ist ein hässliches semitisches Monster mit einer schrecklichen Nase. Das ist keine Nazikarikatur im *Stürmer,* das ist Renaissancekunst, 400 Jahre vor Goebbels. Der Holocaust hat hier seinen Ursprung. Wir alle sind Judas, Gottesverräter, Geldgierige, Zyniker.

Warum hat Judas seinen Meister verraten?
Judas glaubte mehr an Jesus als alle anderen. Er dachte: Wem nutzen diese Wunder in irgendwelchen kleinen Dörfern. Jesus muss das größte Wunder vor den Augen der ganzen Welt in Jerusalem vollbringen, wenn alle Fernsehkameras auf ihn gerichtet sind.

Die Kreuzigung als ultimative PR-Maßnahme?
Judas wollte die Welt hier und jetzt erlösen. Jesus sollte den Beweis erbringen, dass er vom Kreuz herabsteigen kann, weil er Gott ist. Doch als Jesus am Kreuz starb, war Judas verzweifelt und fragte sich: Was habe ich nur getan, ich habe den Menschen umgebracht, den ich mehr als alle anderen geliebt habe.

Er verzweifelte, weil er dachte, Jesus sei doch nicht Gottes Sohn?
Jesus ist ein wunderbarer Mensch, der wunderbarste, der je gelebt hat. Aber nur ein Mensch.

Im 47. Kapitel Ihres Romans beschreiben Sie die Kreuzigung Jesu vierzehn Seiten lang aus der Nahperspektive des Judas. Das gehört zum Ergreifendsten, was ich seit langem gelesen habe.
Das war sehr schwer zu schreiben.

Woher nehmen Sie den Mut zu derart gewagten Szenen?
Ich werde oft von meinen Figuren überrascht. Manchmal
so heftig, dass ich fast von diesem Stuhl hier falle. Ich
hoffte immer, dieses Buch eines Tages schreiben zu können, habe oft angefangen und immer wieder aufgegeben.
Meine Figuren haben mir geholfen. Ich selbst bin gar
nicht so wichtig. Heute bin ich noch da, morgen werde
ich weg sein. Das ist nur noch eine Frage von ein paar
Jahren. Aber meine Figuren werden hoffentlich ein wenig
länger hierbleiben.

**Die Grundstimmung dieses großen Romans ist zutiefst
pessimistisch. Der alte Mann, in dem ich Sie am stärksten
wiedererkannt habe, sagt einmal: «Fast alle Menschen
gehen mit geschlossenen Augen durchs Leben, von ihrer
Geburt bis zu ihrem Tod.»**
Ja, aber am Ende lieben sich drei Menschen. Es war nicht
alles vergebens. Das ist mehr, als uns die moderne Literatur im Allgemeinen zugesteht.

**Aber die drei Leute gehen auf den letzten Seiten aus-
einander.**
So ist das Leben.

«Der Sinn des Lebens ist das Leben.»

Wir sind im Mai 2015 in ihrer Göttinger Zweitwohnung verabredet. Ruth Klüger ist 83 Jahre alt und für ein paar Tage aus Kalifornien herübergekommen. Seit 1988 bewohnt sie in der deutschen Universitätsstadt eine praktisch eingerichtete Wohnung mit Glastisch und schwarzem Ledersofa in einem modernen Rotklinkerbau. Jetzt will sie ihre Zelte in Göttingen abbrechen. «Wenn etwas zu Ende ist, ist es zu Ende», sagt sie. Mein Besuch bei ihr ist so etwas wie der Schlussstrich unter dem deutschen Kapitel in ihrem Leben.

Dabei hätten die deutschen Leser die Germanistikprofessorin aus Irvine nie kennengelernt, wäre Ruth Klüger nicht Ende der achtziger Jahre wegen einer Gastprofessur nach Göttingen gekommen, wo sie von einem Fahrradfahrer umgefahren wurde und auf den Kopf fiel. Der Unfall war für sie buchstäblich ein Anstoß, endlich ihre Lebensgeschichte aufzuschreiben: ihre jüdische Kindheit in Wien, die Deportation nach Theresienstadt und nach Auschwitz, die Ausreise nach Amerika.

Ihr Überleben verdankt sich einem unwahrscheinlichen Zufall. Im Theresienstädter Familienlager von Auschwitz sollten sich Frauen zwischen 15 und 45 zu einem Arbeitstransport melden. Ruth Klüger, damals erst zwölf, und ihre Mutter stellten sich nackt in die Schlange. Der SS-Mann winkte die Mutter bei der Selektion durch und wies die Tochter zurück. Die verzweifelte Mutter überredete sie, es noch einmal zu versuchen und sich diesmal als Fünfzehnjährige auszugeben. In einem unbewachten Moment reihte sich die Kleine wieder in die Schlange der nackten Frauen ein. Sie hatte Angst davor, sich älter zu machen. Doch neben dem Selektionsoffizier saß eine junge Schreiberin, ein Häftling. Sie kam dem in der Schlange wartenden Kind entgegen und sagte halblaut: «Sag, dass du fünfzehn bist.» Das machte ihr Mut. Der SS-Mann fand sie zwar zu klein, ließ sich von der Schreiberin jedoch überzeugen. Sie war gerettet. Nur wenige Tage später wurden die anderen Kinder aus dem Theresienstädter Familienlager in Auschwitz-Birkenau vergast. Bis heute kann sie sich an ihre Gesichter erinnern.

Mutter und Tochter kamen ins Arbeitslager Christianstadt, ein Außenlager des KZ Groß-Rosen. In den letzten Kriegswochen konnten die beiden fliehen und untertauchen. Die Entscheidung der Mutter stand danach fest: Sie beantragte die Ausreise in die USA.

Bevor es dazu kam, studierte die inzwischen fünfzehnjährige Ruth Klüger jedoch noch ein bisschen Philosophie an der Universität Regensburg. Im Hörsaal saß sie neben einem aufgeweckten 19-jährigen Jungen: Martin Walser wurde ihr erster Freund in Deutschland. Die Freundschaft hielt 54 Jahre und endete, als der Freund seinen Roman *Tod eines Kritikers* veröffentlichte. In einem offenen Brief nannte Ruth Klüger den Schlüsselroman Walsers über den jüdischen Kritiker Marcel Reich-Ranicki ein «übles Buch». Sie kann sehr deutlich werden, wenn sie sich verletzt fühlt. In dem Brief schrieb sie: «Als eine Jüdin, die sich beruflich mit deutscher Literatur befasst und sich mit Dir und Deiner Familie befreundet glaubt, fühle ich mich auch von Deiner Darstellung eines Kritikers als jüdisches Scheusal betroffen, gekränkt, beleidigt.» Seither haben die beiden sich nicht wieder gesehen.

Ihre Beziehung zu Deutschland und zu ihrer Wiener Heimat bleibt schwierig. Seit beinahe sechzig Jahren lebt sie in den USA, wo sie einen deutschen Professor geheiratet und zwei Söhne bekommen hat, mit denen sie bis heute kein Wort Deutsch spricht. Dennoch hat sie nach der Scheidung in Berkeley Germanistik studiert und ist eine berühmte Auslandsgermanistin geworden, die in Princeton und Irvine deutsche Literatur gelehrt hat. Ihr Erinnerungsbuch *weiterleben*, das sie in Göttingen auf Deutsch geschrieben hat, wurde ein Bestseller – nicht zuletzt dank der Hilfe Reich-Ranickis, der das Buch im Januar 1993 im *Literarischen Quartett* feierte.

Der zweite Teil der Autobiographie *unterwegs verloren*, der 2008 folgte, ist deutlich angriffslustiger als der erste Teil. Die Schonungslosigkeit, mit der Ruth Klüger darin auf ihr amerikanisches Leben, auf die Männer, die Kollegen, auf die eigene Familie und ihre Ehe zurückblickt, mag etwas mit den Minuten in der Schlange von Auschwitz zu tun haben. Wovor sollte sie danach noch Angst haben?

Die 83-jährige Ruth Klüger ist auf der Durchreise – gestern noch in London, übermorgen in Wien und dann in Paris. Obwohl sie inzwischen eine lässige Amerikanerin geworden ist, spricht sie ein warm klingendes Wiener Deutsch. Mit hochgezogenen Beinen und kurzgeschorenen weißen Haaren sitzt sie mir gegenüber und strahlt eine natürliche Gelöstheit aus. Gerade schreibt sie an ihrem ersten Roman, den möchte sie noch fertigstellen. Vielleicht reicht die Zeit auch noch für einen Aufsatz über Kleist. Und dann? Ja, dann möge ich doch bitte einen schönen Nachruf auf sie schreiben.

Unser Gespräch ist das letzte in einer Reihe von Lebensendgesprächen, die ich mit älteren Autoren geführt habe. Einige wie Julien Green, Reich-Ranicki und George Tabori waren zum Zeitpunkt des Gesprächs schon 90, andere wie Günter Grass, Martin Walser und Imre Kertész weit über 80 Jahre alt.
Kertész hat vermutlich gejammert?

Ja, sehr. Und Reich-Ranicki sagte, er sei nie in seinem Leben glücklich gewesen.
Da ist es ihm schon sehr schlecht gegangen. In seinen letzten Jahren hat er nur noch ferngesehen. Und ganz zum Schluss nur noch Musik gehört.

Er hatte damals bereits die meisten seiner Bücher weggegeben. Von dem, was ihm wichtig war, blieb am Ende beinahe nichts mehr übrig.
Aber das war nicht der Fall bei Ihren anderen Gesprächspartnern?

Nicht in diesem Ausmaß. Wie ist das Altwerden für Sie?
Es ist schon eine Beeinträchtigung. Vor meiner Herzoperation konnte ich kaum noch gehen, jeder Schritt war eine Anstrengung. Danach kamen die besten Jahre meines Lebens. Ich bin jetzt so alt wie Goethe in seinem Todesjahr. Und das Erstaunliche ist, dass man nicht allein ist.

Es gibt eine Generation von alten Leuten. Das hat es früher nicht gegeben. Goethe hat sehr darunter gelitten, im Alter allein zu sein, weil alle anderen schon weg waren. Ich habe gerade meine 91-jährige Freundin in London besucht, übermorgen kommt eine andere 86-jährige Freundin zu ihr. Im Januar hat mich meine 88-jährige Freundin in Kalifornien besucht. Wir sind vorhanden. Auch wenn ständig jemand stirbt, den man kennt.

Ist es schwieriger, als Frau zu altern? In der Öffentlichkeit sieht man viele große alte Männer, aber wenige große alte Frauen.
Das beste Geschenk für uns Frauen ist die Königin von England, die sich einfach altern lässt. Sie hat kein Makeup, kein Lifting. Sie ist einfach eine alte Frau, die ein Role Model und ein gutes Vorbild ist, besonders für junge Frauen. Sie tritt nicht ab, sie tut nichts mit ihrem Gesicht und ihrem Körper, sie bleibt sichtbar und versteckt sich nicht.

Bedeutet das Altwerden eine größere Freiheit?
Die habe ich, seit ich aus dem KZ weg bin. Jedes Jahr hat mir mehr Freiheit gebracht. Mein Leben war ein Kampf um Freiheit. Ich habe meine Ehe als ein Gefängnis empfunden. Oder wenn man kein Geld hat, ist man unfrei. Freiheit ist ganz wichtig.

Aber im Alter verkürzen sich die Zukunftsperspektiven. Man kann Fehler nicht mehr rückgängig machen, man hat sein Leben entworfen und hat sich vielleicht geirrt.
Das kann man nicht zurücknehmen. Man kann nur weitermachen und sich womöglich wieder irren.

Aber was verändert sich, wenn man weiß, dass man nicht mehr so viele Würfe hat?
Da kommt die Altersweisheit ins Spiel, die ja im Grunde genommen eine Alterswurschtigkeit ist. Es ist egal, man soll sich nicht einbilden, dass es die richtige Wahl gibt. Davon handelt auch der Roman, den ich noch schreiben will. Wenn alles determiniert ist, gibt es keine Freiheit. Wenn aber alles Zufall ist, was ich glaube, dann hat das den Vorteil, dass man frei ist, zu wählen. Deswegen muss man sich später keine Vorwürfe machen. Man weiß im Leben nie, was dabei herauskommt.

Bereuen Sie es manchmal, zu viel Lebenszeit für Dinge verschwendet zu haben, die Ihnen heute nicht mehr wichtig erscheinen?
Ich sage mir, ich habe mein Leben gehabt. Wenn mich jetzt der Blitz trifft, macht es eigentlich nichts aus. Das Gefühl habe ich ganz stark. Ich kann mich nicht mehr beschweren, irgendetwas nicht getan zu haben.

Woher weiß man, dass das Leben sich erfüllt und dass man all seine guten Momente schon gehabt hat?
Man erinnert sich. Ich habe Entscheidungen getroffen, zu denen ich stehen will. Und ich habe Entscheidungen getroffen, die mir leidtun. Aber das sind alles Dinge, die mir passiert sind. Was will man mehr vom Leben?

Manch einer hat so viel erlebt, dass er den Überblick verloren hat. So ging es George Tabori, er hatte so viele Identitäten, dass er sich am Ende in seinem eigenen Leben nicht mehr zurechtfand.
Mit Identität habe ich nie ein Problem gehabt. Das ist eine

Max-Frisch-Sache. Ich weiß nicht, ob Identität ein Männerproblem ist. Aber ich habe schon das Gefühl, wenn ich keine Kinder gehabt hätte, wäre etwas Zerfahrenes in meinem Leben. Ich wusste immer, dass ich jemand bin. Obwohl einen die Männer, die männlichen Autoritäten, in vielen Lebenslagen dazu bringen wollen, dass man weniger von sich hält. Das ist ihnen auch manchmal gelungen. Interessant ist, dass ich in letzter Zeit so viel über die Vergangenheit nachdenke und meine Meinung über das, was geschehen ist, so oft ändere.

Worüber ändern Sie Ihre Meinung zum Beispiel?
Ich denke an meine Mutter, mit der ich im Streit lag. Ich hatte immer das Gefühl, dass sie mich überhaupt nicht liebt. Jetzt verstehe ich, wie wenig Entwicklungsmöglichkeiten sie gehabt hat. Eine Frau, die 1904 in eine Mittelstandsfamilie hineingeboren wurde. Die eine erste Ehe mit 19 Jahren in Prag einging, eine zweite mit meinem Vater, von dem ich den Verdacht habe, dass er uns hätte mitnehmen können, als er aus Wien geflohen ist, dass er uns vielleicht hätte retten können. Jetzt, als alte Frau, denke ich darüber nach, und es entsteht ein anderes Bild.

Im Alter erzählen Sie sich Ihr Leben neu?
Ganz neu. Ich beurteile Menschen anders, als ich sie vorher beurteilt habe. Das hat auch damit zu tun, dass ich weicher geworden bin.

Was hätten Sie im Rückblick unbedingt anders machen sollen?
Was mir am meisten leidtut, ist, dass ich in Amerika gelandet bin und nicht in Israel. In Israel hätte ich zu einer

Mehrheit gehört. In Amerika wurde ich als fremd einge-
stuft. Ich habe das lange nicht einsehen wollen, dass
man in Amerika niemanden haben wollte, der wie ein
Mahnmal herumläuft. Ich hatte ja diese KZ-Nummer auf
meinem Arm. Das ist mir nicht eingefallen, dass das so
wirken könnte. Für mich war diese Nummer ein Teil meines Lebens, und ich kannte so viele Leute, die auch eine
hatten. Nein, Amerika war das falsche Land.

**Fühlen Sie sich fremd in der Gegenwart? Der Holocaust
und die seelischen Traumatisierungen, die bis in die Generation der Nachkriegskinder reichen, sind heute eine
Geschichte neben vielen anderen Geschichten.**
Ja, die sogenannten «Millennials», die ab den achtziger
Jahren Geborenen, sind völlig von uns getrennt. Der
Zweite Weltkrieg scheint für sie so unendlich weit weg
zu sein. Als ich neulich einem jungen US-Soldaten sagte,
ich sei 1947 nach Amerika gekommen, war das für ihn
schier unvorstellbar lange her. Unsere Vergangenheit ist
Geschichte geworden.

**Mit Ihrer Generation geht eine Epoche zu Ende, deren
Nachbeben uns ein halbes Jahrhundert lang in Atem ge-
halten hat.**
Deswegen sind Sie ja hergekommen. Ich bin ein Stück
Geschichte. Das ist natürlich nicht unbedingt ange-
nehm.

**Sie haben Ihr Erinnerungsbuch über die Lager auf
Deutsch geschrieben, in der Sprache der Täter. War
Deutsch ein Problem für Sie?**
Die Schoah ist ja vor allem ein deutsches Ereignis. Und

trotzdem sind die vielen Bücher, die darüber geschrieben wurden, selten auf Deutsch geschrieben worden, sondern auf Ungarisch, Holländisch, Hebräisch, Schwedisch, Polnisch und Italienisch. Ich bin mit sechzehn nach Amerika gekommen und wollte nie wieder Deutsch sprechen. Als ich dann Germanistik studiert habe, habe ich jüdische Freunde verloren, die mit dieser Teufelskultur nichts mehr zu tun haben wollten.

Die Tragödie, geistig in einer Kultur beheimatet zu sein, die einen einmal auslöschen wollte, spielte auch in meinen Gesprächen mit Imre Kertész und George Steiner eine Rolle. Beide sind der Auffassung, Auschwitz habe es nicht trotz, sondern wegen der deutschen Kultur gegeben. Dennoch lieben beide die deutsche Kultur und sind überzeugt davon, dass der Nationalsozialismus vor allem eine österreichische Angelegenheit war.

Das stimmt natürlich. Hitler ist in österreichischen Schulen und in österreichischen Kirchen erzogen worden. Das lässt sich nicht wegwischen. Braunau liegt in Österreich. Aber was soll das sein in der deutschen Kultur, das zu Auschwitz führt? Ich glaube nicht an Daniel Goldhagens These, dass es eine Art Vorausbestimmung für den deutschen Antisemitismus gibt. Ich denke eher, dass diese ganze Nazi-Geschichte ein Zufall war, der nicht hätte kommen müssen, wenn man statt auf Rot auf Schwarz gesetzt hätte. Hitler war nicht notwendig. Er war total unnötig.

Kertész geht noch weiter. Er sagt, es habe bis heute nichts gegeben, dass Auschwitz widerlegt hätte.

Das ist richtig. Denn wenn Auschwitz, wie ich glaube, ein

Zufall war, dann können Zufälle immer wieder geschehen. Die Hochkultur schützt uns nicht davor. Sie verhindert auch nicht die weltweite Sklaverei und die weltweite Verarmung.

Dann ist die Hochkultur aber nur ein Spiel, ein wunderbarer Freizeitvertreib für Eliten.
Diesen Schluss könnte man aus den Konzentrationslagern ziehen.

Wie denken Sie heute an Ihre Zeit im Konzentrationslager zurück?
Die Erinnerungen aus der Lagerzeit sind festgefroren. Für mich war das alles völlig sinnlos. Auch dass ich gerettet wurde, war reiner Zufall. Eine Sache von 15 Minuten, weil ich mich in Auschwitz zwei Mal in die Schlange gestellt habe. In diesen Tagen denke ich oft daran. Dieser Zufall kann zum Albtraum werden. Vorhin habe ich gesagt, ich dachte immer, ich bin wer. In letzter Zeit habe ich aber das Gefühl, ich bin überhaupt nicht durchgekommen. Das war wie ein schwarzes Loch, womöglich mit Pech bestrichen wie im Märchen, in dem sind alle Kinder aus Theresienstadt, meine Altersgenossen, die mit mir im Familienlager in Auschwitz waren, untergegangen, während ich da irgendwie rausgekrochen bin oder auch nicht. Ich rechne mich irgendwie dazu zu den toten Kindern. Ich fühle mich nicht schuldig, aber es ist ein metaphysisches Gefühl, als hätte ich überhaupt nicht überlebt. Ich gehörte zu diesen Kindern, und Tage später sind sie umgekommen.

Warum mussten Sie beinahe sechzig Jahre alt werden, um Ihre Erinnerungen aufzuschreiben?
In der ersten Zeit und viele Jahre nach dem Krieg haben sich vor allem Männer zu Wort gemeldet. Sie schienen diejenigen, die etwas zu sagen hatten. Ich bin mir da nicht wichtig genug vorgekommen, ich war damals ja noch ein Kind und hatte nur die Kinderperspektive. Für mich hat dann die Frauenbewegung mit reingespielt, die ungeheuer wichtig war für mich.

Werden Frauen in der Literatur noch immer unterschätzt?
Ganz unglaublich sogar. Ich glaube, es ist nach wie vor so, dass Männer Bücher von Frauen nicht lesen. Das geben sie nicht zu, aber fragen Sie mal Männer, was das letzte Buch von einer Frau war, das sie gelesen haben. Sehr viele bedeutende Autorinnen sind mit ihren Werken unter den Tisch gefallen. Niemand kennt sie.

Sie haben jetzt fast zwanzig Jahre lang zum Teil in Deutschland gelebt, hier in Göttingen. Ist das eine Art Wiedergutmachung?
Nein. Diese Vergangenheit steht im Raum und ist nicht lösbar. Das habe ich nicht auf einen Nenner gebracht. Es ist einfach ein grauenhafter Zufall gewesen.

Ihre Freundschaft zu ihrem Jugendfreund Martin Walser war immer ein Gradmesser für Ihr Verhältnis zu Deutschland. Inzwischen ist diese Freundschaft beendet.
Solange ich mit ihm befreundet war, mochte ich ihn. Aber ich sehe, dass ich einen Fehler gemacht habe, indem ich nicht richtig eingeschätzt habe, wie er zu Juden steht.

Was er in *Tod eines Kritikers* geschrieben hat, ist so ungut, dass ich mit ihm nicht wieder an einem Tisch sitzen möchte. Auch Reich-Ranicki hat sich furchtbar über diesen Roman aufgeregt. Und jetzt entdeckt Walser die jüdische Literatur, das ist verrückt. Für mich ist es eine große persönliche Enttäuschung. Deutsche und österreichische Freunde, die ich jetzt habe, sind fast ausnahmslos Freundinnen. Die ganze nationalsozialistische Bewegung hat die Frauen viel weniger miteinbezogen.

Aus Ihrer Sicht muss es besonders merkwürdig aussehen: Von den beiden bedeutendsten deutschen Nachkriegsschriftstellern schreibt der eine den *Tod eines Kritikers*, und der andere war in der Waffen-SS. War die lange verschwiegene SS-Mitgliedschaft von Günter Grass die zweite große Enttäuschung für Sie?
Ich habe ja von Haus aus keine so gute Meinung von Deutschen. Dass jemand so etwas verschweigt, verstehe ich sehr gut. Das Peinliche daran ist ja, dass er anderen Leuten vorgeworfen hat, sie hätten sich nicht dazu bekannt. Aber er hätte im Leben nicht den Nobelpreis bekommen, wenn das bekannt gewesen wäre. Für eine Million Euro verheimlicht man einiges. Das waren Angst und Berechnung. Aber ich habe die deutsche literarische Szene nicht so hierarchisch gesehen mit den beiden als beherrschenden Figuren an der Spitze. Mich haben auch immer die Frauen interessiert. Die, mit denen Sie gesprochen haben, Mayröcker, Kirsch und Aichinger. Und Leute wie Tabori, die an der Grenze von Deutsch und Englisch angesiedelt sind.

Marcel Reich-Ranicki hat Ihnen den Weg nach Deutschland geebnet, als er Ihr erstes Buch in seinem *Literarischen Quartett* lobte.

Zu meinem Verleger hat er gesagt, ja, es sei schon ein gutes Buch, aber diese schrecklichen feministischen Anflüge hätte man doch besser rausstreichen sollen. Aber in der Sendung gab es dann überhaupt keine Kritik.

Fühlten Sie sich im Nachkriegsdeutschland je missbraucht als Vorzeigefigur einer leerlaufenden Gedenkkultur? Imre Kertész nennt sich in seinen Tagebüchern im Rückblick einen Holocaust-Clown.

Ja, der Kertész ist gut. Holocaust-Clown ist fabelhaft. Ich würde das unterschreiben. Ich habe dieses Gefühl auch jetzt noch. Mir geht diese Rolle als letzte Überlebende ungeheuer auf die Nerven. Alle fragen mich: Was machen wir, wenn die letzten Überlebenden nicht mehr da sind, um uns etwas zu erzählen?

Im Grunde haben Sie, von dem Göttinger Zwischenspiel einmal abgesehen, Ihr Leben in Amerika verbracht. Hatten Sie den Traum, dort neu anzufangen, weit weg vom Kriegstrauma Europas?

Ich wollte überhaupt einmal anfangen. Ich hatte ja noch gar kein Leben gehabt, als ich in Amerika ankam. Ich habe nicht gewusst, was sich gehört in einer ordentlichen Gesellschaft. Ich habe keine ordentliche Kindheit gehabt und bin danach in ein fremdes Land gekommen, wo andere Regeln herrschten, die mir nicht gepasst haben. Aber wenn wir aus Europa nicht weggegangen wären, wäre das Leben stehen geblieben. Es wäre ein Fehler gewesen, in Europa zu bleiben.

Sie sind dann zum Studieren nach Kalifornien gegangen und haben Ihre Mutter, mit der Sie im KZ waren, in New York zurückgelassen.

Das hat man mir übel genommen. Eine Tochter, die ihre Mutter im Stich lässt. Aber ich habe mich mit meiner Mutter schlecht vertragen. Sie ist 96 Jahre alt geworden. Im Alter haben wir uns besser verstanden, weil ihr Verfolgungswahn und ihre Paranoia abgenommen haben.

Der israelische Autor Amos Oz sagte mir, dass man seine toten Eltern niemals loswird. Man erbt ihre Traumata und ihre Träume und trägt sie weiter. Seine Eltern waren von Europa verstoßene Europäer, die diese Verletzung nicht verwinden konnten. Vielleicht ging es Ihrer Mutter ähnlich?

Schon möglich, und vielleicht habe ich deswegen Germanistik studiert, obwohl ich eigentlich alles hinter mir lassen wollte. In dem Roman, an dem ich gerade schreibe, geht es darum, dass man seinem Vater sein Leben lang nachläuft. Mir begegnet das ständig, wenn ich mit Menschen spreche, wie wichtig ihnen die Väter sind, auch wenn sie nichts Gutes für einen getan haben. Man schleppt seine Väter und Überväter sein Leben lang mit sich herum. Auch die Kinder von Amos Oz werden ihn wieder mit sich herumschleppen.

Wäre es nicht gut, die Überväter am Ende doch noch loszuwerden, die sich im Inneren breitmachen? Und tiefer und intensiver im eigenen Leben anzukommen?

Sich in sich selbst versenken? Dann landet man vielleicht in einem Schneckenhaus.

Wie Sarah Kirsch, die sich in ihr Haus hinterm Deich zurückgezogen hat. Oder Friederike Mayröcker in ihren Zettelgebirgen in Wien. Was wäre in Ihren Augen eine gute Endstation?

Sie meinen den Sinn des Lebens? Ich finde, wenn man wissen will, was der Sinn des Lebens ist, muss man sich eine Katze ansehen. Eine Katze, die den ganzen Tag schläft. Da weiß man, dass der Sinn des Lebens einfach das Leben ist.

QUELLENNACHWEIS
DER ABBILDUNGEN

S. 14/15: Julian Green in seiner Pariser Wohnung, 1990. Photo by Manuel Litran/Paris Match via Getty Images

S. 31: Ilse Aichinger, 1996. © Anita Schiffer-Fuchs/Süddeutsche Zeitung Photo

S. 48/49: Claude Simon in seiner Wohnung in Paris, 2001. Photo by Raphael Gaillarde/Gamma-Rapho via Getty Images

S. 61: Peter Rühmkorf, Hamburg 1998. Copyright Isolde Ohlbaum

S. 75: Péter Nádas, 2002. akg-images/Doris Poklekowski

S. 89: Andrej Bitow, 2006. ullstein bild – B. Friedrich

S. 100/101: George Tabori in Berlin, 2001. akg-images – Nelly Rau-Häring

S. 115: Friederike Mayröcker, 1995. Copyright Isolde Ohlbaum

S. 133: Sarah Kirsch in Tielenhemme, 1999. Copyright Isolde Ohlbaum

S. 148/149: Gespräch zwischen Martin Walser und Günter Grass am 24. Mai 2007 in Behlendorf. Foto und Copyright Werner Bartsch

S. 184/185: Marcel Reich-Ranicki, Frankfurt a. M. 2009. © Katrin Denkewitz/laif

Iris Radisch bei
Rowohlt und rororo

Camus

Die letzten Dinge

IRIS RADISCH

CAMUS

DAS IDEAL DER EINFACHHEIT
EINE BIOGRAPHIE

«Sprachgewandt, spannend und elegant.»
(Welt am Sonntag)

Eine faszinierende Reise durch Leben und Werk

Albert Camus' Leben und seine Bücher erzählen von der
Sehnsucht nach den großen, elementaren Erlebnissen,
vom Glück der Beschränkung auf das Essenzielle, vom
Zauber der Einfachheit. Er verwickelt seine Leser in die
grundlegenden Fragen nach richtig und falsch, nach gut
und böse, und fordert sie zu einem neuen Nachdenken
über die Natur des Menschen heraus. Iris Radisch nimmt
uns mit auf eine faszinierende Reise von dem ärmlichen
Viertel in Algier, wo Camus mit seiner stummen Mutter
aufwuchs, bis in die Intellektuellenzirkel von Paris. Camus, wie ihn kaum jemand kennt!

«Wer wissen will, warum er sich auch heute noch mit Camus beschäftigen soll, der sollte dieses Buch lesen.»
(FAZ)

Taschenbuch, 352 Seiten
rororo, ISBN 978 3 499 62801 6